요즘 애들을 위한
슬기로운 재테크 생활

요즘 애들을 위한
슬기로운 재테크 생활

밀레니얼의 돈 관리 가이드

조혜경 지음

원에원북스

이제는 돈 고민에서 벗어나자!

학생일 때는 열심히 공부만 하면 좋은 직장과 안락한 삶이 기다릴 것이라고 여기기가 쉽다. 나 역시도 예외는 아니었다.

하지만 인생은 해피엔딩으로만 향하는 잘 짜인 구성의 픽션이 아니다. 막상 사회인이 된 이후에 접한 현실은 반드시 기대했던 대로 흐르지만은 않는다. 학력이 반드시 삶의 안전판이 되어주는 것도 아니며, 돈에 대한 고민은 뫼비우스의 띠마냥 계속 이어진다. 마음에 상처를 남길 지경이다.

돈 고민에서 벗어나고 싶다면 먼저 자기 돈의 흐름에 대한 점검부터 시작해야 한다. 돈은 물처럼 흐르는 속성이 있기 때문에 조금이라도 틈이 있으면 줄줄 새어나가므로 불필요한 지출을 막는 것이 급선무다. 그렇게 해서 모은 돈으로 투자 등을 시도해볼 수 있다.

사실 사람들의 돈에 대한 이끌림은 본능에 가깝다. 많은 사람들이 더 많은 돈을 가지고 싶어 하지만 문제는 딱 거기까지라는 데 있다. 부자를 부러워하면서도 정작 자신이 부자가 되기 위한 행동에는 인색하기만 하다. 부자가 되기 위한 특별한 비법이라도 있어서 중간과정을 생략해버린 채 원하는 결과만을 얻는 것이 가능하다는 환상에 빠진 사람들도 많다. 특히 투자에 있어 대박 환상을 지닌 경우를 많이 봤다. 그런 부류일수록 투자 결과가 신통찮았다. 계속 공부하고 노력하지 않아도 원하는 것을 얻을 수 있는 마법이 있다면, 누가 내게도 좀 알려주었으면 싶다.

만일 투자가치를 겸비한 내 집을 마련하고 싶다면 어떻게 해야 할까? 일단 현재에서 할 수 있는 것부터 하나씩 해나간다. 아파트를 가장 싸게 살 수 있는 방법이 분양을 받는 것인 만큼 주택청약종합저축에 하루라도 빨리 가입해야 한다. 그리고 부동산에 대한 공부를 하라. 사람들이 어떤 입지를 선호하는지, 미래에 유망한 곳은 어디인지, 왜 그런 전망이나 분석이 나오는지 등에 대해 익혀가며 투자 안목과 지식을 높여나가야 한다. 이런 것이 싫다면 차라리 로또 1등 당첨을 바라는 것이 더 빠를 수도 있다. 참고로 로또 1등에 당첨될 확률은 대략 810만분의 1(약 0.0000122%)이다.

또한 투자의 결과와 경제는 밀접한 상관관계를 지니고 있다. 즉,

경제 전반에 대한 이해를 높이려는 노력도 꾸준히 해야 한다. 예컨대 미래에는 인구 감소로 부동산가격이 하락할 것이란 주장에 대해 생각해보자. 부동산가격 하락 주장을 신봉한다면 굳이 내 집 마련을 위해 아등바등 노력할 필요가 없을 것이다. 그런데 부동산가격에 영향을 미치는 요인에는 단지 인구의 증감만 있는 것이 아니다. 유동성(시중에 있는 돈의 양), 물가상승률, 경제성장률, 세금, 정부의 정책 방향 등 다양한 요소가 복합적으로 영향을 미치면서 부동산가격이 형성된다. 시중의 유동성이 증가한다면 그만큼 돈의 가치가 하락하면서 실물자산인 부동산가격은 오를 가능성이 높아진다. 이때 유동성 증가와 인구 감소가 맞물린다면, 사람들의 수요가 꾸준히 몰리는 지역과 그렇지 않은 지역 간에는 가격차가 더 벌어질 가능성을 열어두는 것이 좀 더 타당하지 않을까?

돌아보면 한 번도 편안하게 모든 것이 주어진 적은 없다. 언제나 길을 잃지 않도록 노력하면서 미래를 위해 경주해야만 했다. 지금도 마찬가지로 현재의 혼란함이 걷혔을 땐 얼마나 잘 대응하면서 시간을 보냈는지에 따라 많은 것이 갈려 있을 것이다.

세기의 천재인 아인슈타인이 이런 말을 했다. "어제와 똑같이 살면서 다른 미래를 기대하는 것은 정신병 초기증세다." 스스로 행동하지 않는 한 변화를 기대하는 것도 무리이고, 그 어떤 해결책도 이

세상엔 없다. 지금이라도 미래가 바뀌길 원한다면 거기에 맞는 작은 행동이라도 찾아서 해야만 한다. 내가 지금 뭘 하고 있는지, 어제와 달라진 오늘의 차이는 무엇인지, 오늘의 나는 꿈을 향해 나아가고 있는 중인지를 수시로 체크해보면서 말이다.

스티브 잡스는 애플사를 키우기 위해 펩시콜라의 부사장 존 스컬리를 영입하고 싶어 했다. 스컬리를 여러 번 찾아가서 설득했지만 그때마다 번번이 퇴짜를 맞았다. 마지막으로 잡스는 스컬리에게 이렇게 말한 후 그를 설득시키는 데 성공했다.

"Do you want to spend the rest of your life selling sugared water, or do you want a chance to change the world?" (남은 너의 인생을 설탕물만 팔면서 살래? 아니면 세상을 바꿀래?)

이 말을 "앞으로 펼쳐진 네 인생을 하소연과 불평으로 낭비할래? 아니면 원하는 대로 바꾸어볼래?"로 바꿔보자.

조혜경

차례

PART 1.

나는 부자가 될 수 있을까?

PART 2.

당신의 '텅장'을 위한 지출 가이드

PART 3.

지금부터 시작하는 슬기로운 저축 생활

PART 4.

요즘 애들에게 필요한 경제지식은 따로 있다

PART 5.

모르면 호구 되는 최소한의 투자지식

PART 6.

요즘 애들에게 딱 맞는 투자 가이드

PART 7.

알아두면 쓸모 있는 부동산지식

나는 부자가
될 수 있을까?

부자와 돈맹의 차이는
어디서부터 벌어질까?

돈에 대해 솔직해져라

나는 돈이 좋다. 돈이 있으면 좋은 점이 많다. 여유와 당당함도 생기고 쫓기듯 일하지 않아도 된다. 불우한 처지에 있는 사람들을 망설임 없이 척척 도와줄 수도 있고 불평등을 뛰어넘을 수도 있다. 이렇듯 돈에는 특유의 자유로움과 무소불위의 힘이 있다. 다른 사람들도 나와 마찬가지로 돈을 좋아하고 지대한 관심을 가지고 있다.

하지만 사람들은 돈에 대한 욕망을 꽁꽁 감춘 채 "나는 돈은 잘 몰라요."라고 하는 것을 미덕이라고 여긴다. 왜 유독 돈에 관해서는 이중성을 보이면서까지 솔직하게 표현하지 않을까? 모든 종교는 사랑을 강조하지만 지금도 세상의 어딘가에선 종교전쟁이 벌어지듯이,

너도나도 부자가 되기를 꿈꾸면서도 부자를 미워하는 아이러니한 상황이 전개되고 있다.

다음에서 제시하는 사례에 대해 생각해보자.

- 당장은 가난해도 미래에는 오피스빌딩 주인이 되겠다면 이는 소망일까, 탐욕일까?
- 삼성전자 주식을 10만 주 가지고 있다면 이는 자산형성의 결과일까, 투기의 결과물일까?
- 보유한 집 2채 중 1채를 장기간 전세 주고 있는 사람은 투기꾼일까, 임대주택 공급자일까?

대체 어디까지가 필요이고 절제이며, 탐욕과 투기일까? 이를 구분하는 객관적이면서 명확한 기준이 있기나 한 걸까?

부자를 부정적으로 판단하는 것은 개인의 자유다. 다만 객관적 증거 없이 타인에게까지 그런 관점을 애써 주입하거나 강요해서는 안 된다. 개인이 부자가 되는 방법 중 하나가 투자다. 그런데 타인의 성공한 투자를 투기와 탐욕으로 치부한다면 우리는 어떤 결론에 도달하게 될까?

'크게 성공한 투자는 투기이고, 대수롭잖거나 실패한 것이 진짜 투자'라는 오류에 부딪히게 된다. 그리고 이러한 오류는 '돈을 불리려면 투기가 필요하다'는 한탕주의식의 그릇된 인식을 형성시키거나, 시작도 전에 '투자는 나쁘다'는 학습된 무기력에 빠져들도록 만

든다. 부자인 부모나 배우자를 만나지 못한다면 평생을 가난하게 살아가라는 메시지와 대체 뭐가 다른가?

역설적이게도 이는 질투와 시기심의 다른 표현이란 방증이다. 투기란 과정이나 방법이 정당하지 않은 것이고, 탐욕은 자신의 능력을 넘어섰거나 실제 가치와 상관없는 광기에 휩쓸린 상태다. 단지 돈이 많은 게 문제는 아니다.

내가 아는 투자성공 경험이 많은 사람들은 다음과 같은 식으로 대화를 전개하곤 한다.

> "젊은 사람들은 내 집 마련 욕구가 떨어진대."
> "그러면 원룸을 지어서 월세를 받을까?"
> "강남과 강남 외 지역에서 원룸의 선호 경향이 다르더라고."

어떤 주제로 대화를 시작했든 '기-승-전-투자'로 이어지는 식이다. 한마디로 '투자몰입'이 일어난 상태로서, 늘 합법적인 투자법에 대해 이야기한다.

자본주의 사회는 돈이 돈을 부르기 때문에 불공평하다지만, 나는 그리 생각하지 않는다. 돈을 많이 물려받았어도 관리할 만한 지식이나 지혜가 없다면 호구 취급을 받고 주변에 사기꾼만 꼬여들면서 그 돈은 결국 다 새어나간다. 돈은 돈을 좋아하며 지킬 힘이 있는 사람 곁에 머무는 특성이 있다.

돈에 대한 부정적인 사고에서 탈피해 관심과 열정을 가져라. 그래야 돈을 불러들일 수 있으며 없던 돈도 생기게 된다. 돈을 벌 수 있는 방법에 대해서 자꾸만 생각하고 이야기하라. 그래야 감춰져 안 보이던 길이 보이고, 새로운 길도 생겨날 것이다.

나를 돈맹 상태로 세상에 내던지지 마라

지금은 저성장시대이고, 평균수명은 증가하는 추세다. 저성장시대란 좋은 직장을 구하거나 큰돈을 벌 수 있는 기회가 줄어들어 우리의 삶이 한층 더 빡빡해졌음을 뜻한다. 그런데도 우리는 더 오래 살 것을 대비해 더 많은 돈을 비축해두어야만 하는 모순적인 상황에 직면해 있다. 이럴 때 '노동의 대가+은행'이란 조합만으로 미래를 기약할 수만 있다면 참 좋을 것이다. 투자에 대한 고민이 없을 것이니 우리의 삶이 한층 단순하고 편해지지 않겠는가.

"요즘에는 금리가 낮아서 은행원도 예적금을 선호하지 않아요. 돈을 번 동료들은 다 부동산에 투자했더라고요." 어느 은행원의 이야기다. 지금 같은 시대에는 단지 저축만이 아닌 적절한 투자로 정면승부를 걸어야 한다는 것을 부인하기가 어렵다.

몇십 년 전에도 그랬고 지금도 여전히 잘못된 것이 있는데, 그것은 바로 '엄마에게 돈을 맡기라는 것'이다. 나도 결혼 전엔 용돈 외에 돈 관리를 해본 적이 없었고 '아껴 쓰는 것' 이외엔 그 어느 것도 익히거나 배운 바가 없었다. 돈에 대해 모르니 결혼한 후에도 한동안 생활비를 어떻게 배분해야 하는지, 청약저축이나 보험에는 꼭 가입해야 하는지, 어떤 방법으로 얼마나 저축해야 하는지에 대해 거의 알지 못했다. 투자는 부자들이나 하는 것 정도로 여겨서 일단 돈을 모으다 나이가 들어 적당한 때가 되면, 그때나 해야겠다고 생각했다.

내 또래가 거의 다 그랬고 지금까지도 그 영향이 이어지고 있다. 기회가 생길 때마다 주변 사람들에게 투자에 대해 물어보면 대부분 저축 이외엔 잘 알지 못하며, 미리 말을 맞춘 것처럼 하나같이 남편이 알아서 다 한다거나, 남편이 몰래 투자하다가 말아먹었다고 한다. 주변에서 투자에 성공한 사람은 오로지 남이거나 먼 친척뿐이다.

지금의 20~30대도 별반 다르지 않다. 투자는 겁나며 투자상품들의 구조가 어려워서 예적금 외엔 잘 모르겠다고 말한다. 경제적으로 여전히 미숙한 내 또래 세대의 모습이 현재를 거쳐 미래로 반복되고 있다.

이런 지경인데도 엄마가 자녀의 돈을 대신 관리해주는 것은 심각한 문제다. 자신보다 더 오래 살 자녀가 돈에 대해 익힐 기회를 엄마가 차단하는 것에 불과하다. 20대 초반이라면 어리니까 그럴 수도 있다. 뛰어난 돈 관리 능력을 갖춘 엄마라면 억지로라도 이해해보겠다. 그러나 30대를 넘어서까지도 그런다면 문제가 크다. 빠릿빠릿한 20~30대도 이해하기 어려워하는 경기상황, 금융환경, 금융상품 등을 엄마들은 대체 얼마나 이해하면서 따라가고 있을까?

더 이상 "엄마가 제 돈을 관리해줘요."라며 손 놓고 있을 때가 아니다. 어렵다고, 모르겠다고 언제까지 피할 것인가? 세상은 그 누구도 나를 대신해서 살아주지는 않으므로 하루라도 빨리 직접 돈 관리를 시작해야 한다.

미래에는 부자가 될 수 있을까?

돈을 관리하는 방법을 익히기 전에 우선 '나'에 대한 자각부터 해야 한다. 현재의 소득수준에서 지금처럼 살아가도 부자가 될 수 있을지, 아니면 변화를 주어야 하는지부터 알아야 하지 않겠는가. 미래에 부자가 될 수 있는지를 알 수 있는 가장 손쉬운 방법은 '부자지수 공식'으로 예측해보는 것이다. 미국의 조지아주립대학교 스탠리 교수가 창안한 공식이다.

$$부자지수(\%) = (순자산액수 \times 10) \div (나이 \times 총소득) \times 100$$

부자지수 공식에서 사용되는 순자산액수와 총소득의 개념은 간단하다. 그간 번 돈을 탈탈 긁어모아보니 6천만 원이 있었다고 해보자. 여기에 4천만 원을 대출받아 1억 원짜리 오피스텔을 샀다면 오피스텔의 시가 1억 원이 '총자산'이 된다. 외형적인 규모를 나타내는 총자산 1억 원에서 부채 4천만 원을 뺀 6천만 원이 '순자산'으로 이게 진짜 내 돈이다. 즉 '총자산 – 총부채 = 순자산'이다. 예금, 채권, 펀드, 주식 등에서도 모두 같은 방식으로 총자산과 순자산을 따진다.

'총소득'은 한 해에 번 돈의 총합이다. 한 해 동안의 급여소득과 이자소득은 물론 아르바이트 수입 같은 다른 소득이 있다면, 그것들을 모두 다 더한 값이 총소득이다.

자, 그럼 다음 사람들 중 누가 부자가 될 가능성이 가장 높을까?

A: 30세, 순자산 5천만 원, 총소득 4천만 원

B: 30세, 순자산 3천만 원, 총소득 2천만 원

C: 30세, 순자산 1억 원, 총소득 2천만 원

D: 40세, 순자산 1억 원, 총소득 5천만 원

부자지수 공식에 따르면 A는 42%, B는 50%, C는 167%, D는 50%다. 그렇다면 가장 지수가 가장 높게 나온 C의 경우, 현재 상태를 계속 유지하면 부자가 될 수 있을까? 좀 더 자세한 부자지수 평가 방법을 알아보자.

50% 이하: 지출이 많고 소득관리가 제대로 안 되는 상태. 문제 있음.

51~99%: 평균 수준의 지출과 소득관리 상태. 노력 필요.

100~199%: 양호한 수준의 지출과 소득관리 상태. 양호.

200% 이상: 지출이 적고 소득관리를 제대로 잘하는 상태. 매우 잘함.

부자지수가 167%로 나온 C는 양호한 수준으로, 지금보다 조금 더 노력하면 더 좋은 결과를 얻을 것이다. 나머지 A, B, D는 모두 반드시 현재의 소비지출 습관을 점검해보고 분발해야 한다.

부자가 되는 원칙은 따로 있다

그런데 부자지수 공식을 잘 들여다보면 고개가 자꾸만 갸우뚱해진다. 분모가 '나이×총소득'으로 구성되어 있다. 분수식에서는 '2/1=2, 2/4=0.5'인 것처럼 분자의 값인 순자산이 동일하다면, 분모의 값이 커질수록 부자지수는 낮아진다. 나이는 앞으로 돈을 벌 수 있는 남은 날과 관련 있다고 보면 이해가 되지만, 총소득이 많아질수록 부자지수가 낮아지는 것은 왜일까?

그 이유는 부자지수 공식은 현재 상태가 아닌 현재의 페이스대로 계속 산다면 미래엔 어찌될지를 예측해보는 것이기 때문이다. 현재 수입이 많아도 그간 모아둔 순자산이 없으면 낭비성향이 높거나 돈 관리를 전혀 못 하는 상태로 본다. 그만큼 자산형성 능력이 떨어지는 것이기 때문에 지수가 낮아진다. 다만 순자산은 증여나 상속으로도 형성될 수 있고, 총소득은 이직 등으로 달라질 수도 있으니 부자지수가 절대적인 수치는 아니다.

그러나 그 안에 담긴 부자가 되는 원칙을 눈여겨보자. 자산형성을 위해선 소득보다는 소비지출 태도가 더 중요하며, 한 살이라도 적을 때부터 순자산을 늘려야 한다. NH투자증권에서 국내 가구의 부자지수를 총자산의 중위가격 기준으로 계산해보았다. 총자산의 순서

대로 줄을 쭉 세워놓고는 정 가운데 위치한 가구를 뽑아서 부자지수를 따져봤다는 말인데 그 결과치가 81.8%였다. 200%를 100점으로 환산해보면 81.8%는 40.9점에 불과하다. 이 결과를 통해 돈 관리가 안 되는 사람들이 많다는 것을 짐작해볼 수 있다.

당신의 부자지수는 얼마인가? 아마 대부분 100% 이하일 것이다. 취직한 지 얼마 되지 않았거나 저축해둔 돈이 없다면 0%로 나올 수도 있고 심지어 마이너스가 될 수도 있다. 프랑스의 철학자 사르트르(Sartre)는 "인생은 b와 d 사이에 놓인 c다."라고 했다. 출생(birth)과 죽음(death) 사이에는 매순간 선택(choice)이 존재한다는 말이다. 지금이라도 부자가 되려는 노력을 시작할 것인가, 아니면 늘 카드값이나 걱정하면서 불안감에 젖어 살 것인가? 이 역시 b와 d 사이에 놓인 당신의 c에 달려 있다. 지금부터라도 돈 관리를 시작한다면 당신의 미래는 확실하게 바뀔 것이다.

-$- 순자산이 마이너스라면?

소비충동성이 강한 20~30대 중에는 순자산이 마이너스인 경우도 있다. 모아둔 돈은 없고, 학자금대출이나 현금서비스 같은 빚만 있는 상태일 때다. 자산형성은 고사하고 대출금을 갚기도 벅찬 상황이라면 방법은 오로지 하나다. 독하게 마음먹고 빠르게 부채를 청산하는 것이다. 그래야 미래에서 기다리고 있을지 모를 파산을 피해 갈 수 있다. 성실하게 그리고 빠르게 부채를 없애는 데 집중하자. 그 외의 대안은 없다.

나는 슬기롭게
지출하고 있을까?

무조건 아끼는 것이 절약은 아니다

H의 유일한 취미는 네일아트다. 나와 H가 돈을 아끼려 '네일아트 관련 지출을 없애자'고 목표를 설정한다면 어떨까? 내겐 그다지 어렵지 않은 목표지만 H는 그렇지가 않다. 취미를 통해 느끼던 행복감을 버려야만 가능한 일이다.

내 취미는 사이클이다. 사이클 용품은 질이 좋을수록 가볍고 강도가 높으며 땀의 발산 속도가 빠르다. 나 역시 익숙해진 수준을 포기하고 값싼 장비를 사용하라고 하면 불편함을 견디지 못해 불만이 가득할 것 같다. 차라리 다른 데서 비용을 더 아끼는 것이 낫다. 반려견 털을 직접 손질해주고, 모임은 1차로만 끝내는 식으로 말이다.

한편 P는 셰프를 꿈꾸는 딸과 수시로 맛집투어를 다닌다. 그에게 맛집투어란 다른 사람은 어떤 음식을 만드는지, 어떻게 장식하며, 서비스는 어떤지를 딸이 배워나갈 수 있도록 도와주는 과정이다. 내가 수시로 맛집투어를 다닌다면 시간과 돈 낭비겠지만, P에게는 딸의 미래를 위한 현실적이고 적극적인 투자인 것이다.

절약이란 무조건 싸구려만 사용하거나 아예 돈을 쓰지 말자는 개념이 아니며 안 먹고, 안 입고, 안 쓰자는 탈소비도 아니다. 자신이 행복해지기 위한 것, 꿈을 향한 것, 필요한 것에는 합리적으로 지출하고 그 대신 덜 필요한 지출은 최대한 틀어막는 행위다. 그것이 합리적인 절약이며, 사람마다 소비해야 하는 것과 그렇지 않은 것의 기준은 모두 다르다.

탈소비와 절약을 혼동하면 더 큰 낭비벽이 생긴다

"오늘은 내가 화끈하게 쏜다.""까짓것, 인생 뭐 있나! 가지고 싶다면 가져봐야지." 식의 충동적인 지출로 후회해본 적이 있는가? 평상시에는 돈을 잘 아끼다가도 갑자기 솟구치는 욕구로 인해 마구잡이식 지출로 고통받는다면 어떻게 해야 할까? 일단 자신의 내면을 찬찬히 들여다봐야 한다. 절약의 개념이 잘못 잡혀 있을 때 이런 행동이 나타나기도 한다.

사실 돈을 모으고 불려가려면 고통을 수반하는 자기통제가 절대적으로 필요하다. 자신이 속한 집단의 소비문화 이탈에 따른 소외감을 감수해야 할지도 모른다. 지금처럼 인스타그램과 같은 SNS가 유행하는 시대에는 자신이 무엇을 먹고, 무엇을 샀으며, 어디에 갔는지를 꾸준히 노출하는 것이 타인과의 소통 방식으로 여겨진다. 즉 자신의 소비 패턴을 남들에게 보여주고자 하는 것이다.

이렇듯 물 흐르듯 자연스럽게 소비가 이루어지는 시대에서 애당초 지키기 어려운 탈소비를 절약과 혼동하면 어떻게 될까? '절약은 고통스러운 것이고, 나는 절약하지 못하는 사람'으로 무의식중에 자신을 규정짓게 된다. 더 나아가 '절약=고통=궁상=창피≠부자'라는 편견을 가지고 '절약은 돈이 없으니까 하는 것이고 부자는 낭비해도 괜찮다'고 여기기 쉽다. 돈을 쓰지 않는 것을 궁상스럽고 창피하다고 느끼는 무의식 때문에 낭비를 '자존심 살리기'로 혼동하는 것이다. 하지만 검소해서 부자가 된 사람도 많고, 부자인데도 검소한 사람도 많다.

슈퍼리치인 지인 S는 불필요한 곳엔 돈을 낭비할 필요가 없다며 간식 겸 점심으로 먹을 찐 고구마를 자주 들고 다녔다. 그렇지만 돈을 쓸 필요가 있다고 느낄 때는 망설임 없이 썼다. 투자뿐 아니라 기부를 할 때도 화통했다. 그를 보면서 '나는 그간 안 써도 되는 데다 돈을 너무 헤프게 썼던 건 아닐까?' 하며 스스로를 돌아보았던 기억이 있다.

목표를 세워 절약습관을 만들자

"처음 한 달은 너무 힘들었어요. 그래도 참아가며 간식비, 네일관리비, 택시비 같은 소소한 지출을 통제하니까 목표했던 20만 원이 모아졌어요. 덕분에 살도 좀 빠졌고요. 그 돈으로 가지고 싶었던 카드지갑을 샀고, 그다음 달에는 스카프를 샀죠. 다시 두 달 동안 50만 원을 모아 선글라스를 사려고 했어요. 모은 돈을 막상 쓰려고 보니 '그게 나한테 왜 필요하지?'란 의문이 생기더라고요. 그간 돈을 허투루 사용했던 게 후회돼요."

특별히 돈을 쓴 기억이 없는데도 늘 돈이 없다는 고민에 대한 처방이다. 구체적인 목표를 정한 뒤 절약을 시도해보라. 이렇게 말하면 "결국 또 다른 소비유발이 아닌가요?"라고 반문하면서 저축이나 투자를 하라는 모범답안을 꺼내놓길 원한다. 물론 가능하다면 그렇게 하라. 하지만 대부분은 처음부터 생각대로 잘되지 않는다. 간식을 끊으면 처음엔 한동안 짜증도 많아지고 심지어 어지럼증에 시달리는 사람도 있다. 이때 포기하지 않기 위해서는 강한 동기가 필요하다. '돈을 모아서 가지고 싶었던 구두를 살 거야.' '간식비를 줄여서 자기계발을 해야지.' 등 절약습관을 들일 수 있다면 자기를 해치지 않는 선에서 어떠한 목표든 좋다.

이런 과정을 몇 번 반복하면, 지금 참으면 더 좋은 보상이 주어진다는 생각이 무의식에 각인된다. 사실 수중에 돈이 모이는 상황 자체가 행복한 경험이다. 자잘한 지출로 얻는 순간의 만족감보다 차곡 차곡 돈을 모으는 것이 더 즐겁다고 느낄 때 절약이 자연스레 몸에 배어들고 충동적인 지출이 사라진다. 나중엔 목표를 정하지 않아도 불필요한 지출통제가 가능해진다. 기간이 길면 중간에 지치기 쉬우니 한 달 정도로 짧게 잡는 것이 좋다. 목표 액수는 너무 낮아도 쉬워서 효과가 없기 때문에 약간의 노력이 필요한 선에 맞춰야 한다.

절약습관에 대한 유형은 대개 세 가지로 나타난다.

- **현실타협형:** 돈을 모으다 보니 중간에 생각이 바뀌어 돈만 모으고 아무것도 사지 않는 유형
- **초지일관형:** 원래의 목표대로 돈을 모아 원하는 것을 얻는 유형
- **의지박약형:** 절약이 제대로 되지 않아 중간에 포기하는 유형

현실타협형이 바람직하지만 초지일관형도 괜찮다. 돈을 모아 원하는 것을 사는 행위를 몇 번 반복하다 보면, 물건은 다시 돈으로 바꾸기 어렵지만 돈은 언제든 원하는 것을 살 수 있다는 사실을 깨닫는다. 그러면서 점차 물건을 가지고 있지 않아도 가진 것과 동일한 심리상태가 되어 현실타협형으로 바뀌는 것이다. 의지박약형이 되는 경우는 목표가 애초에 무리한 것이었거나, 절실함의 부재가 주된 원인이다. 무엇이 문제인지 원인을 찾아서 교정하자.

💲 카페라떼 효과(Cafe Latte Effect)
···

습관적으로 카페라떼를 월요일부터 금요일까지 매일 사 먹었다. 한 잔에 4천 원이라고 하면 부담스러운 비용은 아닐 것이다. 그러나 1년 치를 모아 보면 '52주×2만 원=104만 원'이나 된다. 이렇게 소소한 지출들을 틀어막아 모으면 큰 액수가 되는 것을 '카페라떼 효과'라고 한다. 푼돈이라고 안심하며 습관적으로 소비하고 있지 않은가? 푼돈도 모으면 푼돈이 아니다. 더 이상 푼돈이라고 무시하지 말자!

힘들게 벌어서
쉽게 쓰지 말자

내가 무의식적 소비에 휘둘린다고?

딸아이가 평소 사용하는 립글로스는 두세 개 정도인데, 화장대에 있는 것을 세어보니 17개나 되었다. 대부분 절반 정도만 사용한 채 버리지 않고 쌓아둔 것이었다. 여자들의 화장대에서는 낯설지 않은 풍경일 것이다. 주부를 대상으로 하는 TV 프로그램에서는 집 안의 창고, 싱크대 서랍, 냉장고에 있는 것을 모두 꺼내놓고 불필요한 게 얼마나 많은지 보여주면 시청률이 뛴다고 한다. 등장하는 주부들은 하나같이 있는지도 몰랐던 물건들이 너무 많아서 놀랐다고 말한다.

우리는 왜 꼭 필요하지도, 중요하지도 않은 것들을 충동적으로 과잉 구매하는 것일까? 왜 쓸모없는 것들을 버리지도 못하고 기억도 제대로 못 하는 상태에서 잔뜩 쟁여놓는 것일까?

과거 사람들은 생존을 위해 최대한 많은 식량과 물건을 비축해둬야만 했다. 그 기억이 유전자와 무의식에 각인되어 나타나는 일종의 본능으로 여겨진다.

하버드대학교 제럴드 잘트먼(Gerald Zaltman) 명예교수는 "사람의 사고, 감정, 학습의 95%가 무의식 상태에서 이뤄진다."라고 했다. 스탠포드대학교의 신경학자 브라이언 넛슨(Brian Knutson)은 두뇌와 소비의 상관관계를 연구한 후 "구매는 합리적인 결정이 아닌 감정적인 반응이다."라는 결론을 내렸다. 이 둘의 연구결과를 정리해 보면 이렇다. "사람들은 자신을 이성적이고 합리적이라 여기지만 실제로는 그렇지 않다." "소비할 때 이성의 주도권은 5%, 무의식의 지배력은 95%다."

우리가 무의식의 영역에 있는 충동성에 휘둘리며 계속 무엇인가를 사들이고 버리지도 못하는 상황도 마찬가지다. 보통 마음이 평온할 때보다 '불안할 때 > 우울할 때 > 화났을 때'의 순서로 충동성이 강해진다. 당장 안 사면 못 살 것 같은 불안감을 자극해대는 "곧 매진이 되려고 해요." "이 구성은 오늘이 마지막이에요."라는 말들에 쉽사리 무너지는 이유다. 잘 생각해보면 우리는 당장 필요한 것이 아닌데도 할인상품이나 저렴한 물건을 충동구매 한 적이 많을 것이다. 무의식이 '싼 것'과 '꼭 필요한 것'에 대한 혼동을 일으켜 싸게 사면 이득이라고 착각하도록 몰고 간 결과다. 그래서 우리는 사고 싶고 갖고 싶은 물건은 넘쳐흐르는데 수중에 충분한 돈이 없다는 게 속상해 화를 내기도 한다. 우리의 무의식은 '대부분의 물건은 죽은 자산이고 돈은 기회'라는 사실을 깨닫지 못하게 만들기 때문이다.

쇼핑의 실패를 쿨하게 인정하라

돈은 '싸게 사서 남는 것이 아니라 덜 사서 남는 것'이다. 참 단순한 원칙인데도 우리는 수시로 망각한다. 덕분에 별 필요도 없는 물건으로 주변이 채워지면서 통장과 지갑은 가벼워진다.

　다음의 두 가지 상황 중 어느 것이 더 좋지 않은 상황일까? 펀드 가입과 러닝머신 구입에 따른 결과를 보자.

- 투자한 펀드가 원금에서 100만 원의 손실을 냈다.
- 100만 원을 주고 산 러닝머신이 먼지만 뒤집어쓴 채 구석에 처박혀 있다.

　대부분 펀드 투자의 손실이 더 나쁜 상태라고 대답한다. 러닝머신은 다시 활용하면 되지만 펀드의 손실은 투자에 실패했다는 논리다. 그러나 나는 반대로 생각한다. 펀드는 주식시장이 좋아지면 원금회복 후 이익이 날 수도 있지만 러닝머신은 감가상각으로 점차 가치가 떨어질 뿐이다. 사용하지 않으면 하루라도 빨리 중고로 처분하는 게 낫다.

　인터넷 쇼핑몰에서 옷을 샀다가 실망스러웠던 때를 떠올려보자.

반품하기 귀찮다는 이유로, 몇천 원에 불과한 반송료가 아깝다는 이유로 집에서라도 입겠다며 옷장에 처박아두었다가 결국은 못 입고 버린 적이 있지 않은가? 이런 식으로 무의식이 이끄는 비합리적인 행동이나 잘못된 행태를 고쳐야 한다. 그러지 않으면 언제라도 사용할 것이니까 괜찮다며 실패한 쇼핑에 대한 반성 없이 과잉 지출의 늪에서 계속 허우적거리게 된다.

돈이 새는 습관부터 찾아라

연 7%의 확정금리를 주는 상품이 있다면 어떻겠는가? 아마도 사람들이 돈을 싸들고 몰려들 것이다. 그런데 연 7%는 어느 정도의 가치를 말하는 것일까? 연 7% 금리란 만 원짜리 한 장이 1년 동안 이리저리 돌아다니면서 700원의 이익을 끌고 온다는 뜻이다. 10만 원이면 7천 원, 100만 원이면 7만 원이다. 이렇게 설명하면 다들 충격을 받는다. 그리고 더 이상 설명하지 않아도 연 1~2% 더 주는 상품을 찾아내는 것보다는 불필요한 지출부터 틀어막는 것이 더 빠르게 돈을 모으는 방법임을 절감하게 된다.

돈이란 많이 번다고 모아지는 것이 아니라 불필요한 지출을 미루고 쓰지 않을 때 모아진다. 남자는 과다한 유흥비와 한탕주의식 투자로 인한 손실로, 여자는 충동적인 과소비가 원인이 되어 돈을 제대로 모으지 못하는 경우가 많다. 다음의 체크리스트를 통해 자신이 왜 돈을 체계적으로 관리하지 못하는지 확인해보자. 체크된 항목이 많을수록 고쳐야 할 부분이 많다는 의미다.

☑ 즉흥성 체크

- ☐ 한 달 생활비의 구체적 내역을 모른다.
- ☐ 사용하기로 정한 생활비를 초과할 때가 많다.
- ☐ 요리가 귀찮아서 배달음식을 시키거나 사 먹는다.
- ☐ 테이크아웃 커피나 빙수 등 기호식품을 수시로 사 먹는다.
- ☐ 계획을 세워 지출하는 것이 귀찮고 잘 지켜지지도 않는다.
- ☐ 유행하거나 가지고 싶은 게 있으면 바로 산다.

☑ 절제력 체크

- ☐ 형편에 비해 과한 것을 가지고 있다.
- ☐ 당장 필요하지는 않아도 좋아 보이거나 싸면 산다.
- ☐ 결혼식 등을 화려하게 했거나 그래도 된다고 생각한다.
- ☐ 옷장·신발장·책상 서랍 등에 사용하지 않는 잡동사니가 5개 이상 있다.
- ☐ 다른 사람들이 가진 것은 나도 사야 한다.
- ☐ 색상만 다를 뿐 같거나 유사한 옷과 용품이 여러 개 있다.

☑ 목표의 유무 체크

- ☐ 돈을 모으고 싶지만 가능할지는 모르겠다.
- ☐ 돈을 모아야 할 이유를 구체적으로 생각해본 적이 없다.

☐ 사는 동안 돈이 얼마나 필요한지를 계산해본 적이 없다.

☐ 투자법을 공부한 적이 없다.

☐ 내 집 마련 계획이 없다.

☐ 부자가 아니어도 된다고 생각한다.

☑ 준비성 체크

☐ 3~6개월 치 생활비를 마련해두지 않았다.

☐ 여행경비·경조사비 등에 쓸 비상자금이 없다.

☐ 노후생활비 마련은 아직은 미래의 일이라고 생각한다.

☐ 투자 가능한 종잣돈이 없다.

☐ 급작스러운 실직을 고민해본 적이 없다.

☐ (자녀가 있는 경우) 교육비가 얼마나 필요한지 계산해본 적이 없다.

☑ 합리성 체크

☐ 통신비가 소득의 1/30을 넘는다.

☐ 보장성보험료의 비중이 소득의 8%가 넘는다.

☐ 지출 계획을 세워 지출해본 적이 없다.

☐ 통장 잔고를 확인하지 않고 신용카드 결제를 한다.

☐ 권유를 받아 잘 모르는 대상에 투자해봤다.

☐ 어디에 두었는지 몰라서 같은 물건을 다시 산 적이 있다.

과소비를 막는
가장 효율적인 방법

옷을 사도 사도 입을 게 없다고?

돈은 모아야겠다는 각성이 일어날 때 모아진다. 결혼자금을 준비해
야 하거나, 내 집 마련과 같은 분명한 목표가 있을 때 비로소 각성이
일어난다.

그렇다면 돈을 모으기 위해서는 항상 목표를 설정해야 할까? 반
드시 그렇지만은 않다. 지속적으로 돈을 쓰고자 하는 무의식을 통제
하면 소비욕구가 확 떨어지면서 목표가 없더라도 돈이 모아진다. 그
러기 위해 시각 자극을 이용하는 방법이 있다.

현재 대학원생인 내 딸아이는 어려서부터 용돈의 일부를 떼어 투
자하는 습관을 들였다. 그래서 지금까지도 용돈을 헤프게 쓰지는 않

지만, 아르바이트로 번 돈으로는 옷을 자주 사들인다. 소비경험을 쌓아가는 과정이라 생각해서 크게 간섭하지 않았고, 물건을 보는 안목을 키우는 중이라 여겼다. 다만 비슷한 것을 집중적으로 사는 성향만큼은 바꿔주고 싶었다.

비싼 것 한 벌 대신 싼 것을 여러 벌 샀다는 자기합리화를 위한 딸의 항변을 뒤로 하고, 2단 행거를 딸의 방 한 면에 설치했다. 그러고는 옷장, 서랍장에 흩어져 있던 옷을 다 꺼내서 색깔과 종류별로 분류해 잘 보이도록 걸어주었다. 니트처럼 걸어두면 늘어나는 옷은 개어서 오픈된 선반에 놔주었다. 이게 전부였으며 다른 잔소리는 하지 않았다.

별것 아닌 것으로 여겨질 수 있으나, 이는 '좀 더 많이'라는 충동성 제어에 매우 효과적인 방법이다. 없을 땐 불편함을 못 느끼던 것조차도 눈에 보이니까 충동적으로 사들인 경험이 있을 것이다. 무의식은 시각적인 자극에 취약해서 그렇다. 그것을 역이용해 '벌써 이만큼이나 있잖아!'라고 눈으로 계속 보게끔 하는 방법이다. 이 방법은 소비충동성을 확 떨어뜨리기 때문에 쇼핑중독 상태를 제외하고는 효과가 빠르고 확실하다. 실제로 딸에게 이 방법을 사용한 이후, 비슷한 옷을 집중적으로 사들이는 소비습관이 거의 사라졌다. 옷뿐만 아니라 다른 것들에도 효과적인 방법이다. 이와 비슷한 고민이 있다면 가지고 있는 것들을 다 꺼내놓고는 자신의 눈에 직접 보여주는 방법으로 교정해보라.

무의식을 통제하라

잘못된 소비행태를 바로잡고 낭비를 막으려면 무의식의 통제 없이는 어렵다. 눈으로 보여주는 것도 효과적이나, 무의식에 충격을 가하는 방법들도 있다.

손실회피본능에 고통을 가하라

불필요한 것은 최대한 처분한다. 최소한의 것으로 살자는 미니멀리즘(minimalism) 열풍과도 일맥상통한다. 물건을 버릴 때 손실회피본능에 의해 돈을 낭비했다는 고통과 죄책감을 느끼게 되는데 이게 무의식에 저장된다. 이러한 고통을 경험한 무의식은 이후 물건을 살 때 한층 신중한 판단으로 이어지게 될 것이다.

'또 무의식이 충동질을 해대는구나!'라고 생각하라

소비충동이 생길 때마다 '또 무의식이 충동질을 해대는구나!'라고 떠올려라. 단지 그 생각만으로도 무의식에 눌려 있던 의식이 확 깨어나면서 충동성을 억제해줄 것이다.

패션피플의 가벼운 지갑을 떠올려라

모방성 소비는 타인과 동질감을 느끼려는 특성에 바탕한 소비로, 남들이 갖고 있는 것이나 유행하는 것을 사지 않으면 소외감마저 느끼게 한다. 이를 끊어내려면 '나는 남과 다르므로 남에게 필요한 것

이 내게도 반드시 필요한 것은 아니다. 그리고 유행의 주기는 짧다.'
라는 사실을 수시로 떠올려라.

사실 유행을 빠르게 따라가면 통장에 돈이 쌓일 틈이 없다. 많은
사람들의 선망의 대상인 패션피플 중에는 경제적 어려움을 겪는 사
람도 많다. 그들의 가벼운 지갑을 떠올려보면 모방성 소비충동이 단
박에 사라질 것이다.

쇼핑정보는 정보가 아님을 인식하라

쇼핑몰에서 보내는 이메일이나 문자로 제공되는 핫딜·세일·신상
품 정보를 차단하자. 괜히 한번 둘러보다 자기도 모르게 사들일 수
있다. 눈에서 멀어져야 불필요한 소비욕구가 일지 않는다.

지출의 우선순위 정하기

필요한 것 위주로 적은 소비기준표를 작성해 수시로 볼 수 있는 장
소에 붙여놓자. 소비기준표는 자기암시 측면에서 효과가 뛰어나
다. 작성 요령은 무척 간단하다. 필요한 것(need)과 가지고 싶은 것
(want)으로만 나누어 적으면 된다. 지출의 우선순위는 당연히 필요
한 것 중에서 '꼭 필요한 것 > 필요한 것' 순서로 사고, 원하는 것에
적힌 것들은 절약해서 모은 돈으로 사거나 아니면 최대한 소비를 지
연시키거나 막는다.

	단기	중기	장기
목표	· 6개월 내 500만 원 적립	· 1년 내 1천만 원 적립 · 3년 내 5천만 원의 자산형성	· 6년 내 1억 원의 자산형성 · 10년 내 내 집 마련
Need	꼭 필요한 것	식료품, 새 블라우스	
	필요한 것	노트북, 스마트폰	
Want	있으면 좋은 것	새 자전거, 물티슈	
	없어도 되는 것	인테리어 액자, 여권지갑	

· 중점 지출관리표 예시 ·

집중 관리 목록	· 의류비 월 ○○만 원 이하 · 외식비 월 ○○만 원 이하 · 화장품＋미용비 월 ○○만 원 이하
생활 수칙	· 세일이나 1+1 상품에 현혹되지 않는다. · 셀프 네일을 한다. · 생활비(용돈) 지출내역을 주 단위로 꼭 살펴본다.

　돈을 모으려는 목표도 함께 적어두어야 효과가 더 강해진다. 볼 때마다 돈을 아껴야겠다는 동기를 떠올리면서 자극을 받고 실천의지를 불태우게 된다. 일시에 드라마틱한 변화가 없더라도 점진적으로 허투루 낭비하는 습관을 고칠 수 있다.

　소비기준표 옆에 '중점 지출관리표'를 작성해두고 수시로 보면 각성효과가 한층 강해진다.

하루의 화려함보다는 남은 날들이 더 의미 있다

"연애는 필수, 결혼은 선택, 가슴 뛰는 대로 하면 돼."

히트곡이었던 가수 김연자의 〈아모르 파티〉 가사의 일부다. 노래 가사에서처럼 점차 결혼은 필수가 아닌 선택사항으로 변해가고 있다지만, 그럼에도 여전히 20~30대에게 가장 큰 이벤트는 결혼일 것이다.

결혼정보업체 듀오가 발표한 '2019 결혼비용 보고서'에 의하면 신혼부부 한 쌍의 평균 결혼비용이 2억 3,186만 원이었다. 신혼주택 마련으로 1억 7,053만 원을 지출했고 나머지 6,133만 원은 예식장(1,345만 원), 웨딩패키지(스튜디오·드레스·메이크업 299만 원), 예물(1,290만 원), 예단(1,465만 원), 이바지(107만 원), 혼수용품(1,139만 원), 신혼여행(488만 원) 비용으로 썼다. 단 하루의 결혼식에 거의 1년 치 연봉 이상의 돈을 쓰는 셈이다.

결혼 전에 지인들과 잠깐 창업을 했다가 실패한 적이 있다. 그때 돈 벌기가 호락호락하지 않다는 것을 깨닫고 결혼식을 올릴 때 혼수와 예단을 많이 생략했다. 대신 그만큼을 현금으로 가지고 있다가 결혼 후 한 달 만에 전셋집을 뺀 돈과 합쳐 첫 집을 사는 데 보탰다. 돌아보면 참 잘한 결정이었다.

마찬가지로 지금 결혼을 준비하는 20~30대들이 혼수용품과 예식장 비용 등을 줄인다면 평균 결혼비용에서 대략 5천만 원 정도 절감할 수 있을 것으로 보인다. 제3자인 타인이 강제할 수는 없으나 그래도 인생에서 결혼식 날, 단 하루가 남은 날들보다 더 중요한 것이 아니라는 사실을 알아야 한다. 그 돈을 다른 데 활용하거나 결혼자금 용도의 대출금이라도 조금 줄이는 것이 남은 인생을 좀 더 풍요롭게 만들 것이다.

PART 2

당신의 '텅장'을 위한 지출 가이드

당신이 미처 몰랐던
신용카드의 덫

카드결제 승인내역을 수시로 살펴라

나는 신용카드나 가방을 분실했을 때를 대비해 특별한 일이 없는 한 입은 옷 주머니에 5만 원을 넣어 다닌다. 그리고 지갑 대신 스마트폰 케이스에 신분증, 명함 몇 장, 교통카드 겸용 신용카드 한 장 그리고 마트의 포인트 적립카드 한 장을 넣어가지고 다닌다. 집에도 현금은 거의 없다. 24시간 언제든 신용카드를 사용할 수 있고 집 밖을 나서면 널린 게 은행 ATM이기 때문이다.

신용카드를 사용하면 목돈이나 동전을 들고 다니지 않아도 되고 연말정산에서 소득공제를 받을 수도 있다. 그렇다고 신용카드 예찬론자까지는 아니다. 내게는 꽤나 유용하고 편한 도구지만 일반적으로 신용카드는 낭비를 유발하는 것으로 인식되어 있다. 그러나 절약 습관이 몸에 배어 있으면 신용카드가 100장이 있어도 과소비나 쓸데없는 지출은 하지 않는다.

예전에 전산오류로 카드결제 대금이 더 빠져나갔다는 뉴스를 접한 적이 있다. 처음엔 나도 그런 일을 당할까 봐 불안한 마음에 카드 승인내역을 보기 시작했다. 그런데 이제는 사람들에게 카드사 홈페이지에서 승인내역을 일주일이나 열흘 정도마다 살펴보기를 권하고 있다. 승인내역에는 사업자명과 결제금액만 나와 있기 때문에 '어, 내가 뭘 샀었나? 아, 그거!' 하는 식으로 지출내역을 다시금 떠올려야만 한다. 지출을 떠올리는 것만으로도 기억이 파노라마처럼 펼쳐지면서 덜 필요한 것, 불필요한 것, 충동적으로 결정한 것들이 발견

-$- **소득공제를 잘 받기 위한 신용카드와 체크카드 활용법**

신용카드 소득공제란 신용카드·체크카드·현금영수증 사용금액이 총급여액에서 25%를 넘겼을 때 일정 한도 내에서 소득을 줄여주어 절세를 도와주는 제도다.

기본적으로 신용카드는 15%, 체크카드와 현금영수증은 30%의 공제율 등이 적용된다. 연봉이 4천만 원인 회사원이 1,500만 원을 신용카드로 쓸 경우 소득공제 기준인 1천만 원을 제외한 500만 원에 대해 15%인 75만 원이 공제된다. 체크카드를 썼다면 500만 원의 30%인 150만 원을 돌려받을 수 있다. 이때 사용액합산은 공제율이 낮은 신용카드 사용금액부터이므로 사용액이 총급여액의 25%를 넘기 전까지는 부가혜택이 많은 신용카드를, 그 이후부터는 공제율이 높은 체크카드를 사용하는 것이 유리하다.

되고 이는 소비생활의 평가로 이어지기 때문이다.

카드지출 통제가 잘 안 된다면 카드사 홈페이지에 들어가서 승인 내역을 수시로 살펴보자. 자잘한 소비가 모여 목돈지출을 만드는 것을 눈으로 직접 확인하면 불필요한 지출에 대한 반성으로 이어져 지출습관을 바로잡는 데 도움이 될 것이다.

순간의 즐거움을 주는 신용카드의 덫

신용카드를 사용하면 현금보다 20%가량을 더 쓴다는 통계가 있다. 나중에 갚아야 한다는 생각이 약간이나마 지출의 방어막을 쳐주겠지만 3개월, 6개월 할부처럼 기간이 점점 길어지면 방어막이 점차 옅어지면서 제대로 작동하지 않게 된다. 무의식에서 돈은 점차 미래를 위해 고여야 할 자원이 아닌 '이 순간의 즐거움'을 채우기 위해 잠시 스치는 대상 정도로 여겨진다. 신용카드가 '쓰기 → 벌기 → 갚기'라는 가난한 채무자의 삶의 패턴으로 몰아넣는 악마의 도구로 전락하는 것은 순식간이다.

과도한 소비를 막으려면 소비하기에 불편한 과정이 있어야만 하는데, 편리한 온라인 쇼핑환경과 신용카드의 결합은 여러 불편함을 단번에 허물어버렸다. 지구 반대편 나라에서 파는 물건까지도 방에 앉아서 쉽게 살 수 있다. 무분별한 카드 사용의 가장 큰 폐해는 통장의 돈이 바닥났어도 위기감을 잘 느끼지 못하는 데 있다. 미래의 소득에 기대어 소비하다가 돈을 모으지 못하게 되기도 하고, 심지어는 개인파산으로 이어지기도 한다.

　그렇기에 우리는 더더욱 카드결제 승인내역을 확인함으로써 불필요한 소비지출에 제동을 걸어야 한다. 그래야만 '벌기 → 계획적 소비+돈 모으기'라는 정상적인 소비패턴을 회복하고 유지하는 것이 가능해진다.

돈을 쓰기 불편하게 만들어라

쇼핑(소비)중독은 체내 호르몬인 도파민과 관련이 있다고 알려져 있다. 도파민은 활력감과 행복감을 주는 신경전달물질로 중독성이 있어 천연의 마약과도 같다고 불린다. 쇼핑을 하면서 즐거움이나 만족감을 느낄 때도 도파민이 분비되는데, 그때의 행복감이 클수록 물건을 사는 행위를 반복하게 된다. 도파민을 바탕으로 생각해보면 쇼핑중독을 어떻게 뽑아버려야 할지도 쉽게 알 수 있다. 돈을 쓰기 불편하고 귀찮은 상태로 만들어가거나, 소비행위보다 더 건전하고 즐거운 일에 몰입하면 된다.

　신용카드를 절제해서 사용할 자신이 없다면 아예 지갑에서 퇴출시키는 것이 좋다. 교통카드를 겸한 체크카드와 비상금 용도로 소액의 현금만 지갑에 넣어두는 것이다. 이때 체크카드 통장엔 일주일 정도 사용할 돈만 넣어둔다. 잔고가 부족하면 자칫 결제를 거부당할 수 있다는 불안감으로 충동적인 소비를 막을 수 있다. 비상금은 5만 원짜리 하나면 충분한데, 1만 원짜리 다섯 장보다 5만 원짜리 한 장이 좋다. 사람들은 액수가 큰 돈은 가급적 깨고 싶지 않아 하는 심리가 있기 때문이다.

쇼핑보다 더 즐겁고 재미있는 것을 찾아라

이미 쇼핑중독 상태라면 신용카드와의 이별이 쉽지 않다. 갑자기 돈을 쓰지 못하는 데 따르는 금단증상으로 무기력해지는 동시에 신경질적으로 변하기도 한다. 반드시 관심사를 다른 대상으로 돌려놓아야만 신용카드와의 깔끔한 이별이 가능해진다.

C는 결혼 후 살이 찌자 우울증이 생겨 온라인 쇼핑에 빠져들었다. 그 정도가 심해지자 남편이 이혼을 하겠다며 으름장을 놓았다. 카드 결제 대금을 더 이상 감당할 수 없다는 것이 이유였다. C는 모든 것이 자신의 불어난 체중에서 시작되었음을 깨닫고 이혼을 막기 위해 피트니스센터에 등록했다. 집에 혼자 있으면 온라인 쇼핑에 빠져들까 봐 가급적 많은 시간을 센터에서 보냈다. 운동도 하고 사람들과 대화도 나누면서 점차 센터에서 보내는 시간이 즐거워졌다. 현재 그녀는 쇼핑중독에서 완전히 빠져나왔으며 피트니스 강사로 활동 중이다. 스스로를 건강전도사라고 일컬으며 다른 사람들에게 운동을 가르쳐주는 하루하루가 즐겁다고 한다.

다음은 쇼핑중독증 자가진단 체크리스트다. 해당되는 항목에 체크하고 자신의 소비습관을 진단해보자.

☑️ 쇼핑중독증 자가진단 체크리스트

① 물건을 사고도 후회할 때가 있다. (ㅇ, ×)

② 쇼핑한 물건을 가족들에게 숨긴다. (ㅇ, ×)

③ 내가 얼마나 쇼핑을 하는지 잘 모른다. (ㅇ, ×)

④ 물건을 고르는 과정이 재미있다. (ㅇ, ×)

⑤ 쇼핑을 하지 못하면 불안하고 짜증이 나거나 우울해진다. (ㅇ, ×)

⑥ 사놓고 한 번도 사용하지 않은 물건들이 있다. (ㅇ, ×)

⑦ 쇼핑비용이 감당되지 않는다. (ㅇ, ×)

⑧ 우울하거나 고민이 생겼을 때 쇼핑하면 기분이 좋아진다. (ㅇ, ×)

⑨ 사들인 물건을 남에게 자주 준다. (ㅇ, ×)

⑩ 세일하면 나중에라도 쓸모가 있을 것 같아 산다. (ㅇ, ×)

진단

한 가지도 해당되지 않는다면 건전한 소비파다. ③, ④, ⑧번이 해당되면 충동구매나 과시소비 경향이 있는 기분파로 계획적인 소비습관을 형성해야 한다. ⑥, ⑨, ⑩번이 포함된다면 과다쇼핑 상태로 쇼핑중독에 빠질 위험이 있으니 주의하자. ①, ②, ⑤, ⑦번에 해당된다면 이미 쇼핑중독 상태일 가능성이 있다. 자신의 상태를 자각하고 빠르게 그 상황에서 벗어나야 한다.

가계부 강박증에서 탈출하라

시스템관리법으로 가계부 강박증에서 탈출하자

가계부는 어디에, 얼마나 돈을 썼는지 파악하게 해주는 도구다. 불필요한 지출을 막고, 합리적으로 예산을 짜서 생활하는 습관을 만드는 것이 가계부를 적는 최종 목표다.

하지만 꾸준히 적는 것이 어려워서 매번 가계부를 내던지고 만다면 다른 대안을 찾아보자. 돈 관리는 결과가 중요한 것이지 형식이 중요한 게 아니다. 인터넷 커뮤니티인 '짠돌이 카페'의 회원들을 통해 검증된 '시스템관리법'을 그 대안으로 추천한다. 이 방법은 꾸준히 적어야 하는 가계부와는 달리 한 번만 통장을 나눠두고 정한 규칙에 따라 살면 된다. 잘 깔아진 레일마냥 단 한 번의 수고로 평생을

편하게 사용할 수 있는 방법이다. 그것만으로 누구라도 쉽게 수입과 지출관리를 체계적으로 할 수 있다.

통장은 5개로 쪼개는 것이 효율적이다. 이보다 적으면 분류가 제대로 되지 않고, 많으면 통장관리만 복잡해진다.

① 급여+아낀 돈을 넣어두는 통장

베이스캠프 성격의 통장이다. 급여를 받아 각 통장에 배분하고 남은 돈과 다른 통장에서 되돌아온 돈을 모아두는 용도다. 그렇게 모인 여윳돈으로 가장 먼저 할 일은 긴급생활비 통장을 만드는 것이다. 건강 악화, 실직 등 최악의 상황에 처하더라도 돈이 없어 쩔쩔매지 않도록 하기 위함이다. 싱글과 맞벌이는 3개월 정도, 외벌이와 자영업자는 6개월 정도의 생활비를 넣어둔다. 긴급생활비 통장을 만들고 나면 그다음부터는 이곳에 모인 돈을 투자자금으로 활용한다.

> **긴급생활비 통장의 또 다른 용도**
>
> 투자자들은 현금 보유를 손해로 여기는 경향이 있다. 주식이나 부동산 등에 투자해두면 이익이 나지만 현금을 보유하고 있으면 기회비용을 상실한다고 느껴 현금으로 놔두지 못하는 것이다. 그러다 보면 좋은 투자대상이 나타났을 때 여윳돈이 없어서 발만 동동 구를 때가 생긴다. 긴급생활비 통장은 그럴 때를 대비한 '대기성 투자자금'의 성격도 있다.

② 결제금액이 변동되지 않는 고정지출용 통장

보험료·적금 등 결제금액이 변하지 않는 고정지출용 통장이다. 이 통장에는 딱 필요한 만큼의 금액만 입금해서 돈이 다 빠져나가면 잔액이 0원이 되도록 맞춘다. 잔액이 0원이 된 통장을 볼 때마다 돈을 아껴야 한다는 각성효과가 한층 강해지면서 소비욕구가 확 떨어진다. 귀찮다고 ①번 통장과 분리하지 않기도 하나 그리되면 고정지출의 변동 상황을 한눈에 살펴보기가 어려워진다.

③ 결제금액이 변동되는 고정지출용 통장

공과금·교통통신비 등 결제금액이 매번 달라지는 비용을 관리하는 통장이다. 잔액이 부족하지 않도록 약간 여유 있게 넣어둔다. 결제가 끝난 후 남은 돈은 ①번 통장으로 보내 잔액을 역시 0원으로 만든다. 이 통장에서는 신용카드 대금이 결제되지 않도록 해야 한다.

④ 지출을 줄일 수 있는 변동지출용 통장

식비·의류비·여가비용 등 노력에 따라 줄일 수 있는 지출을 관리하는 통장이다. 이 통장에서 체크카드와 신용카드 대금이 빠져나가게 한다. 체크카드를 사용한다면 다음 급여일까지 낭비하기 어려운 빠듯한 수준의 돈을 넣어둔다. 남은 돈은 ⑤번 비상금 통장으로 보내둔다. 돈이 남으면 적정비용을 과대측정 했거나 합리적 소비능력이 증가한 것이므로 다음 달에는 그 액수만큼 줄여 입금한다. 이 통장에서 빠져나가는 돈의 잘못된 지출만 바로잡아도 생활비의

10~15% 정도가 절약된다.

⑤ 비상금 통장

경조사비, 의료비, 부모님 용돈, 계절성비용 등 예기치 못한 비용에 대한 대비 용도의 통장이다. 급전이 필요할 때 현금서비스를 받거나 금융상품을 해지하는 것을 막기 위한 용도로 사용한다. 매달 수입의 1/20 정도를 적립한다. 생활비가 일시적으로 부족해질 땐 이 통장에서 잠깐 꺼내 사용하고, 사용한 돈은 다음 달 생활비를 줄여서 다시 채워둔다. 이 지점에서 통장쪼개기가 흐지부지되느냐, 성공하느냐가 결정된다. 비상금 통장의 잔액은 두세 달 치 급여를 기준으로 삼고 그 이상의 금액은 ①번 통장으로 보내 투자자금으로 활용한다.

예산을 똑소리 나게 짜라

시스템관리의 1차 목적은 어떻게 지출하고 있는지를 파악하려는 데 있으며, 2차 목적은 합리적인 예산을 짜서 낭비 없는 생활을 만들어가는 데 있다. 그러기 위해선 다음의 구조를 반드시 기억하고 실천해야 한다.

- 총수입 파악하기 → 지출 항목 파악하기 → 예산 짜기, 잘못된 지출 항목 교정하기 → 예산 내에서 살기

이 같은 구조를 제대로 구축하려면 '④ 변동지출용 통장'의 관리가 관건이다. 예기치 못한 비용으로 들쭉날쭉한 지출이 일어나지 않도록 하는 것이 중요하다.

그러나 그간 주먹구구식으로 돈을 관리해왔다면 제대로 된 예산을 곧바로 짤 수가 없을 것이다. 처음부터 딱 맞아 들어가야 한다는 조급증을 버리고 점차 맞춰나가자. 대략 3~6개월 정도 소비구조를 파악하고 나면 정교한 예산을 짤 수 있게 된다. 이게 가능해지면 점차 돈 관리 능력이 커진다.

충동적 소비성향이 강하다면 신용카드 대신 체크카드를 사용하되 '④ 변동지출용 통장'에 주 단위로 돈을 넣어두자. 한 달 생활비가 80만 원이라고 할 때 하루치로 환산하면 2만 6,660원, 일주일 치는 18만 6,620원이 된다. 조금 귀찮더라도 매주 18만 6,620원만 입금해두고 사용하자. 그렇게 하면 초반에 돈을 다 써버릴까 봐 걱정할 필요도 없고, 돈이 부족해져서 이내 계획했던 일이 틀어지는 상황도 막을 수 있다.

하루치 예산을 따져보는 것도 좋다. 하루치 예산을 초과해서 사용하면 다음 날엔 그만큼 덜 사용하는 습관을 들인다. 이렇게 충동성을 제어해가면서 계획대로 살려고 노력하면 예산 내에서 사는 것이 가능해진다. 점차 6개월 치, 1년 치 예산 짜기와 함께 예산 내에서의 생활이 가능해질 것이다.

돈을 절약할 때도 응용해볼 수 있다. 예를 들어 생활비 80만 원 중 10%를 절약하기로 다짐했다고 해보자. 하루치 생활비인 2만

6,660원의 10%인 2,660원을 매일 덜 쓰면 된다. 5천 원인 카페라떼 한 잔을 사 마시지 않으면 이틀 치의 돈을 절약할 수 있다. 이런 식으로 매일 지출을 줄여가면 목표를 채울 수 있다.

내 돈이 나를 위해
움직이고 있는 중일까?

근로소득에만 기대면 계속 일만 해야 한다

최근에는 부의 원천이 상당 부분 근로소득에서 투자소득으로 옮겨졌다. 그런데도 학교나 사회 그 어디에서도 부의 원천과 창출 원리를 제대로 다루지 않기 때문에 스스로 터득해야만 한다. 나도 내 집을 마련하고 난 후에서야 노동에만 기대면 나이가 들어서도 노동을 계속해야 한다는 것을 알았다.

친구 L은 결혼 당시 시부모님이 사주셨던 서울의 개포주공아파트(18평)에서 신접살림을 차렸다. 나는 L보다 한 달 먼저 결혼을 했는데 서울의 상계주공아파트(21평)에서 전세로 시작했다. 밖에서 안이 들여다보이는 구조가 싫어서 한 달 정도 살다가 같은 단지의 28평

아파트를 샀다. 혼수를 생략해 아꼈던 돈과 전세금에 대출을 받아서 매입했다. 그때가 1994년으로, 당시 내가 샀던 아파트와 L의 아파트 거래가격이 비슷했다.

배우자의 소득수준은 유사했지만 L은 전업주부였고, 나는 맞벌이였다. 이렇게만 놓고 보면 내가 경제적으로 앞서가야 하나 현실은 그렇지 않았다. 이듬해부터 아파트가격이 1990년대 초반에 나타났던 침체에서 벗어나 서서히 반등하기 시작했다. 그런데 상계주공아파트보다 개포주공아파트의 가격 상승폭이 더 커서 그동안의 내 노력은 흔적도 없이 덮어버린 게 되었다. 그리고 내 모습은 어떻게든 달려 나가려고 쳇바퀴 안에서만 전력질주 하는 다람쥐처럼 느껴졌다. 내 집이 있어도 어느 지역을 선택했는가에 따라서 내 노동의 가치를 삼켜버리는 것에 대한 억울한 감정을 지울 수 없었다. 투자를 이용한 자산소득 형성의 중요성을 그때 분명하게 깨달았다.

소득을 목표에 맞춰 사용하려면

한번은 지인의 딸이 결혼자금을 마련하고 싶은데, 돈을 어떻게 모아야 할지 잘 모르겠다고 물어왔다. 거절하기가 애매해서 그녀의 금융 상품 보유 현황을 살펴봐주었다. 기여금 등 공제금을 제한 급여의 실수령액 기준으로 거의 절반 정도가 매달 연금저축보험, 질병 관련 보장성보험 그리고 변액유니버셜보험 납입금으로 빠져나가고 있었다. 다른 저축이나 투자상품은 없었다. 돈을 모으고자 할 땐 반드시 목표와 자금흐름이 일치하도록 맞춰야 한다. 이 경우는 보험상품으로만 채워져 있어서 몇 년 내에 결혼비용을 모으기 위한 것으로 볼 수 없었다.

저축성보험이라도 중도해지를 하면 납입한 원금보다 적은 돈을 받을 수도 있다는 것을 알 것이다. 대개 연금저축보험은 7년 정도, 변액유니버셜보험은 7~10년은 지나야 중도해지환급금이 원금 수준이 된다. 이는 사업비가 높아서인데, 따라서 가입자 입장에서 체감하는 수익은 그 이후부터 발생한다. 연금저축보험이나 보장성보험은 애초부터 단기간에 목적자금을 모을 수 있는 용도가 아니다.

변액유니버셜보험이란 '펀드+보험'의 구조로 보험에 투자성을 가미한 형태다. 역시 사업비 등의 문제로 최소 10년 정도를 보고 선택해야 한다. 변액유니버셜보험은 중도 인출 기능이 있는데 보통 가입 2년 후부터 가능하다. 하지만 대략 10년 이전에 돈을 빼내면 납입원금 수준이 되는 시간이 그만큼 늦춰지는 데다 불입한 원금보다 적은 돈을 인출하는 것에 불과하다.

돈을 모으려면 목표와 자금흐름이 일치하되 돈이 '나'를 중심으로 흐르게 해야 한다. 아무리 미친 듯이 일해도 되돌아오는 돈이 없다면 노동의 가치는 공중으로 흩어져버린 것에 불과하다. 정리하면 수익과 함께 되돌아와 쌓이는 돈은 최대한 늘리고, 남에게로 빠져나가는 돈은 최대한 줄여야만 한다.

그런 구조를 구축했는지를 살펴보기 위해 현금흐름표를 활용하면

• 현금흐름표 작성 예시 •

수입		지출	
항목	금액	항목	금액
• 본인소득 • 배우자소득 • 부동산 임대소득 • 배당소득 • 기타소득		• 고정 생활비 • 변동 생활비 • 보장성보험료 • 부채상환원리금 • 자녀교육, 육아비용 • 기타(세금 등)	
		지출 합계	
		• 예적금 • 적립식펀드 등 투자액 • 저축성보험료 (연금보험, 변액보험 등)	
		저축·투자용 지출 합계	
총수입 합계		총지출 합계	

좋다. 가계부나 시스템관리(통장쪼개기)가 생활비를 합리적으로 지출하는 능력을 높이려는 것이라면, 현금흐름표는 수입과 지출의 균형상태, 금융상품의 선택과 배분비율, 어디로 돈이 빠져나가고 있는지 등을 한눈에 살펴볼 수 있는 도구다. 즉 현실적인 목표를 세우고 계속 재평가하면서 저축과 투자를 지속할 수 있게 만들어준다.

정해진 양식은 따로 없다. 예시표를 참고로 적당히 가감해 사용하자. 자신의 상황에 맞춰 한 달 단위로 작성해도 되고 6개월 기준, 혹은 연간 단위로 작성해도 된다.

- **수입 항목:** 평상시 현금흐름을 살펴보기 위해 정기적인 소득만 적는다. 주기가 일정치 않은 상여금이나 예금 만기액 등은 제외한다.
- **지출 항목:** 지출 분배의 적정성을 살펴볼 수 있게 세세히 적자.

지출내역을 중점적으로 살핀다

돈을 모으려고 할 때 소득은 쉽사리 조정되지 않으니 지출을 중점적으로 살펴봐야 한다. 다음의 제시기준은 절대적인 것은 아니지만 참고하면 도움이 될 것이다.

- **저축·투자액:** 총소득 대비 20% 이상이 적정, 30% 이상은 바람직함.
- **월 부채상환원리금:** 총소득 대비 36% 이내가 바람직함. 아무리 많아도 40%를 넘기지 않도록 함.
- **보장성보험료:** 총소득 대비 5~8% 이내.
- **교육비:** 총소득 대비 5~8% 이내.
- **생활비:** 총소득 대비 60% 이내가 바람직함. 미혼인 경우 50% 이내.

미혼은 소득의 50% 이상을 모아라

저축과 투자는 총소득 대비 20% 이상이어야 한다. 30% 이상이면 더 좋다. 미혼일 때는 고정지출이 적어서 상대적으로 돈을 모으기가 쉽다. 그렇지만 기혼자들과는 달리 돈을 모을 이유가 절실하지 않아서 인생의 시기 중 소비성향이 가장 높은 때이기도 하다. 미혼일 때는 매달 소득의 50% 이상 모으는 것을 목표로 정하고 실천하라. 기회도 일단 수중에 돈이 있어야 생긴다. 물론 학자금 대출 등의 부채가 있다면 부채 청산이 먼저다.

보장성보험은 저축이 아니다

보장성보험은 위험 대비용이다. 필요하긴 하지만 보험료가 과하면 다른 데 사용할 돈이 줄어들게 되므로 적정비율을 지켜야 한다. 적정선은 월 소득의 8% 정도지만, 미혼일 땐 결혼 후 자녀의 보험가입분까지 염두에 두자. 결혼 전에는 제시한 수치보다 훨씬 낮게 유지하는 것이 좋다.

자녀의 교육비는 출생시점부터 준비한다

일반적으로 자녀가 중·고등학생이 되어 교육비가 높아지는 시점과 내 집 마련 시기가 겹치기 쉽다. 자료마다 대동소이한데 한 자녀를 고등학교까지 졸업시키려면 교육비가 대략 1억 원 전후로 소요된다. 통계청에 따르면 학생 1인당 월평균 사교육비는 32만 1천 원, 사교육 참여율은 74.8%로 조사되었다(2019년 기준). 사교육 참여율이란 학생 10명 중 7명 이상이 사교육을 받는다는 것으로, 이를 감안하면 학생 1인당 월 평균 42만 9천 원 정도의 사교육비가 들어간다. 가구소득의 중앙값(월 380만 원)을 기준으로 따져보면 자녀 1명당 가구소득의 11.3%가량을 교육비로 부담하는 셈이다. 소득이 한정된 상태에서 자녀교육에만 모든 것을 집중하는 것은 바람직하지 않으므로 자녀 1명당 총교육비는 가구소득의 10%를 넘기지 않도록 하자. 또한 자녀가 태어났을 때부터 미리 소득의 일부를 꾸준히 적립해두어 미래의 교육비 부담을 줄여놓자.

예적금을 한 바구니에 같이 담지 마라

예금이나 적금을 보유하고 있으면서도 현금서비스를 받는 일이 간혹 벌어진다. 중도해지로 인한 이자손실이 아까워서인데, 사실 예적금 이자는 바닥이고 현금서비스 금리는 대부분 15~20% 정도여서 손해 보는 장사다. 이런 바보 같은 상황을 미리 막으려면 예적금 납입액을 쪼개면 된다. 한 달 납입액이 30만 원이라면 30만 원을 계좌 하나에 다 넣기보다는 10만 원짜리 2개, 5만 원짜리 2개 등으로 나눈다. 돈이 필요할 때 액수가 맞는 것 하나만 해지하면 된다.

비상금은 종합자산관리계좌를 활용한다

비상금은 언제든 쉽게 찾을 수 있어야 한다. 그렇다고 이자가 없는 것이나 다름없는 자유입출금식 예금에 넣어두지 말고 기준금리 정도의 이자라도 주는 종합자산관리계좌(CMA)로 관리하자. 언제 꺼내 쓸지 모를 일이지만 티끌 모아 태산이다.

신용등급은
제2의 금융자산이다

은행을 이용할 수 있는 것은 특권?

은행원: 자격 요건이 안 되시고, 다른 담보라든가 보증인이라든가….

동백: 근데 저는 진짜 진짜 서민이라 그런 게 없는데요. 서민은 못 받는 서민

대출이네요.

드라마 〈동백꽃 필 무렵〉에 나온 한 장면으로 아들을 혼자 키우며 장사로 생계를 유지하는 싱글맘 동백(공효진 분)의 대사다. 동백은 대출상담 후 통장정리를 하면서 다시금 절망한다.

동백: 잔고가 이렇게 정직하네. 하루를 안 쉬고 일을 했는데 돈 몇백이 없네.

흙수저니 금수저니 그것도 어쨌든 있는 애들 얘기지. 나같이 아예 숟가락 하나를 못 쥔 애들은 공으로 들어오는 밥 한술이 없네.

드라마 장면에서처럼 은행대출 문턱은 의외로 높다. 대출신청자의 직업, 개인 금융 신용등급(평점), 소득, 다른 대출의 보유 유무, 담보 유무 등을 따져 대출을 해줄지 말지를 심사해 결정하기 때문이다. 돈이 없어서 빌리는 것인데도 원금과 이자를 제때 갚을 수 있을 것 같은 사람에게만 빌려준다. 동백은 대출을 적절히 활용할 수 없으니 맨땅에 헤딩하듯 사는 셈이다.

돈을 빌릴 수 있는 금융회사는 제1금융권(일반은행), 제2금융권(저축은행, 상호신용금고, 카드 캐피탈 등), 제3금융권(대부업체)으로 나뉜다. 금리는 '제3금융권 > 제2금융권 > 제1금융권' 순으로 높다. 같은 돈을 빌려도 일반은행에서 대출을 받는 것이 가장 유리하다.

신용등급 간의 금리 차이, 아휴 돈 아까워!

은행대출 시 신용등급(평점)은 대출승인 여부와 금리수준을 결정하는 핵심 잣대다. 신용등급 정도에 따라 같은 은행에서 같은 상품을 이용해도 금리 차이가 얼마나 벌어지는지 알아보자. 모 은행의 2020년 2월 기준으로 공시된 일반신용대출 금리에서 1~2등급(2.99%)과 9~10등급(12.03%) 간에는 9.04%p의 차이가 나타났다.

공시된 대출금리가 계속 유지된다고 가정할 때 1천만 원에 대한 연간 이자가 얼마나 될까? 1년 동안 1~2등급은 총 29만 9천 원을, 9~10등급은 총 120만 3천 원을 이자로 납부해야 한다. 자그마치 90만 4천 원의 차이가 벌어진다.

은행마다 대출금리가 약간씩 다르긴 하지만 신용등급이 높으면 대출금리가 낮고 신용등급이 낮으면 대출금리가 높은 것은 공통적이다. 참고로 은행별 금리비교는 전국은행연합회 홈페이지(kfb.or.kr)에서 찾아볼 수 있다.

그런데 은행에서 9~10등급인 사람에게 12%대로라도 빌려주면 다행이다. 보통 7등급 이하는 저신용자로 분류되어 사실상 은행대출, 신용카드의 신규발급, 스마트폰 할부 구매 등이 대부분 거부된다. 더구나 9등급 이하면 신용을 잃은 상태여서 일부 직종에선 취업 제한도 가해진다. 대출이 거부되면 연 20% 전후의 대출금리를 제시하는 대부업체를 이용할 수밖에 없어서 아무리 기준금리가 낮아진들 그림의 떡에 불과하다. 참고로 법정최고금리는 연 24%다.

신용등급은 정확하게 무엇일까? 그것은 1년 내 90일 이상 연체할 가능성을 수치화한 자료다. 신용등급은 1등급부터 10등급까지 10개의 등급으로 나누고, 신용평점은 1점부터 1천 점까지 1천 개의 점수로 구분된다. 신용등급은 1등급에 가까울수록, 신용평점은 1천 점에 가까울수록 신용상태가 우수하다는 뜻이다. 신용등급(평점)은 나이스평가정보(NICE)와 코리아크레딧뷰로(KCB)에서 산출한다. 대부업체나 일부 저축은행 등은 신용조회사(CB)의 자료를 그대로 활용하는 반면 은행은 자체 기준을 더해 재산정한다. 이때 은행은 거래실적도 반영하기 때문에 주거래 은행을 정해 꾸준히 이용하고 은행에서 점수를 많이 주는 통장도 보유하면 더욱 유리하다. 급여전용통장과 청약통장 등이 이에 해당된다.

자신의 신용등급이나 점수를 알고 싶다면 어떻게 확인할까? 신용조회사에서는 개인별 신용평점을 1년에 세 번 무료로 제공하므로 정기적으로 확인할 수 있다. 그 이상은 소액의 비용을 내고 조회할 수 있다. 앱을 통한 무료 조회는 토스, 카카오뱅크 등에서도 가능하다.

보통 20대 초중반은 부채도 없고 신용카드를 연체한 경험이 없더라도 4~5등급 정도다. 신용측정정보 부족으로 중간등급이 부여되므로 차차 조정해나가야 한다. 여기서 꼭 알아야 할 사항이 있다. 신용등급은 사소한 것에도 쉽게 하락하지만 올리기 위해선 긴 시간이 필요하다는 점이다. 20대부터 잘 관리해둬야만 나중에 전세자금이나 내 집 마련 대출에서 고전하지 않을 수 있다.

조회해본 신용조회사의 결과에 수긍할 수 없다면 해당 업체에 이의를 제기할 수 있다. 그 결과도 만족스럽지 않으면 금융감독원의 개인신용평가 고충처리단에 2차 이의제기가 가능하다.

단지 1점 차이로 은행대출이 막힐 수 있다

신용등급이 낮다는 것은 스스로 금융테러를 자초한 것이나 다름없

(단위: 점)

신용 등급	1등급	2등급	3등급	4등급	5등급	6등급	7등급	8등급	9등급	10등급
NICE	1,000 ~900	899 ~870	869 ~840	839 ~805	804 ~750	749 ~665	664 ~600	599 ~515	514 ~445	444 ~0
KCB	1,000 ~942	941 ~891	890 ~832	831 ~768	767 ~698	697 ~630	629 ~530	529 ~454	453 ~335	334 ~0

다. 1천 개로 나뉘는 평점을 활용하면 더욱 그러하다. 특히 등급의 경계선에 있을수록 점수를 올리는 데 더 많은 신경을 써야 한다. 예를 들어 위 표에서 제시한 나이스평가정보(NICE) 기준으로 7등급(600~664점)인 사람이 있다면 은행대출이 거절될 가능성이 높다. 하지만 단 1점만 더 높이면 6등급(665~749점)으로 올라가 은행대출 가능성이 높아지므로 대부업체로 내몰리지 않을 길이 생긴다.

신용평가는 상환이력(연체), 부채규모(대출+카드), 신용거래기간, 신용형태 등의 금융거래 실적을 바탕으로 판단한다. 여기에 일부 정보에 대해서도 별도의 가점을 부여해준다.

신용등급 하락의 최대 적은 '연체'

신용점수를 높이려면 신용평가사가 긍정적으로 평가할 근거를 주어야 한다. 신용점수를 높이기 위한 요령을 알아보자.

요령 1. 가장 치명적인 연체를 막는다

연체는 단기연체와 장기연체로 구분된다. 부득이하게 연체를 하더라도 아래 제시된 기준은 넘기지 않도록 주의하자. 연체금을 다 갚았어도 연체기록이 신용평가사에 남아 있는 기간이 연체기록 보존기간이다.

- **단기연체**: 30만 원 이상, 30일 이상/연체기록 보존기간 1년
- **장기연체**: 100만 원 이상, 3개월 이상/연체기록 보존기간 5년

만일 최근 5년간 2건 이상의 연체이력이 있다면 기준이 다음과 같이 강화된다.

- **단기연체**: 10만 원 이상, 5영업일 이상/연체기록 보존기간 3년
- **장기연체**: 50만 원 이상, 3개월 이상/연체기록 보존기간 5년

국세·지방세 등은 500만 원 이상, 1년 이상 체납하면 신용점수가 깎인다. 체납정보의 활용기간은 3년이다. 휴대폰 단말기 할부 대금도 제때 납부하지 않으면 서울보증보험에 대지급정보가 등록되어 불이익을 받을 수 있다.

요령 2. 신용카드는 할부보단 일시불로 결제한다

연체 없이 신용카드를 사용한 기간이 길수록 신용평점이 올라간다. 이때 할부거래는 단기 고금리대출처럼 여겨지니 되도록 일시불로 결제하는 것이 좋다. 체크카드는 월 30만 원 이상을 6개월 동안 사용하거나, 6~12개월 동안 지속적으로 사용하면 4~40점의 가점을 받는다.

요령 3. 통신비와 공공요금을 성실히 납부한다

통신비, 공공요금(도시가스·수도·전기), 국민연금, 건강보험료 등을 6개월 이상 성실히 납부하면 5~17점까지 가점을 받는데 성실납부 기간(6~24개월)이 길수록 유리하다. 가점을 받으려면 직접 신용조회사 홈페이지에 접속해 '비금융정보 반영 신청'을 하거나 우편, 방문, 팩스 등으로 공공요금 납부실적을 제출하면 된다.

요령 4. 대출건수를 줄이되 오래된 연체부터 상환한다

대출금액이나 대출건수가 많거나 증가하면 불리하다. 연체가 여러 건이면 연체금액이 큰 것보다는 오래된 것부터, 같은 시기에 받은 대출들이라면 금액이 큰 것부터 상환한다.

요령 5. 가급적 제1금융권으로 갈아탄다

대출금리가 높아서 연체 확률도 덩달아 높은 카드론, 현금서비스, 캐피탈, 저축은행 등 제2금융권 대출은 신용평가에 불리하다. 가능하다면 제1금융권의 중금리상품으로 갈아타야 한다.

요령 6. 대출금을 성실 상환한다

미소금융, 햇살론, 새희망홀씨, 바꿔드림론 등은 대출을 받은 후 1년 이상 성실히 상환하거나 대출원금의 50% 이상을 상환하면 5~13점의 가점을 받는다. 한국장학재단의 학자금대출은 1년 이상 성실하게 상환하면 5~ 45점의 가점을 받을 수 있다.

한번 대부업체 고객은 평생 대부업체 고객

대출은 채무부담 위험 증가로 신용점수를 낮추는 요인이 될 수도 있는데 그 영향력은 '대부업체 > 제2금융권 > 제1금융권' 순으로 크다. 신용점수를 가장 많이 끌어내리는 대부업체의 이용에 대한 거래기록 보존기간은 3년이다. 이때 제2금융권 대출이어도 보금자리론 같은 정책금융대출상품은 신용점수에 불이익을 가하지 않는다.

대부업체 거래는 자동차 할부매입 등의 신용거래 제약과 은행권 대출의 거부사유가 될 수 있다. 그리고 신용점수 하락 폭이 크면 기존 대출을 회수당할 수도 있다. 심사가 까다롭지 않고 빠르다는 이유로 대부업체 대출을 별 생각 없이 이용했다가는 불이익이 클 뿐만 아니라 이후에도 계속 대부업체와만 거래해야 할 수도 있으니 주의하도록 하자.

그러면 급전이 필요할 때 대출이 가장 손쉬운 신용카드사 현금서비스는 어떨까? 연간 한두 번 정도 연체 없이 사용하고 갚는 것은 괜찮지만 대출금리가 연 15% 전후로 높아서 자주 이용하면 연체 위험성도 높다고 판단해 신용점수가 떨어질 수 있다. 액수보다는 횟수의 영향력이 더 크니 현금서비스가 필요하다면 소액으로 찔끔찔끔 여러 번 받기보다는 한꺼번에 몰아서 이용하는 게 낫다.

위험하지만 놓치기 쉬운 것은 타인의 금융대출 보증이다. 대신 갚아야 할 수도 있다는 위험이 잠재되어 있어 채무자가 연체하지 않아도 신용점수가 하락할 수 있다.

신용등급을 끌어내리는 연체 vs. 끌어내리지 않는 연체

사용요금이나 납세와 관련된 연체는 신용평가 점수를 끌어내린다. 대출원리금, 신용카드 대금 같은 각종 사용요금, 세금, 국민연금, 건강보험 등이 이에 포함된다.

반면 내지 않으면 계약 해지 외엔 불이익이 별로 없는 것들은 신용평가 점수에도 영향이 없다. 적금, 보험사의 보장성보험료, 적립식 펀드 납입금 등이 포함된다. 다만 보험은 두 달 이상 연체하면 실효되므로 주의하자.

신용카드 대금을 연체하면 벌어지는 일

통상 영업일 기준 연체 5일째부터는 신용평가에 반영되지 않아도 카드사 공동전산망에 단기연체이력이 입력되어 다른 카드사와 공유된다. 따라서 신용카드 정지 등의 불이익이 따를 수도 있다. 20일이 지나면 제도권 내의 웬만한 대출상품을 이용할 수 없고 90일이 지나면 거의 모든 금융거래가 제한된다. 급여, 통장, 재산 등 압류조치가 취해질 수도 있으며 카드빚을 다 갚아도 3~5년간 카드사에 연체기록이 남는다. 다음 체크리스트로 신용상식을 점검해보자.

☑ 나의 신용상식 체크리스트

① 내가 신용정보조회를 조회하는 것은 신용등급에 영향이 없다. (○, ×)

② 공과금·세금은 신용도와 상관없다. (○, ×)

③ 개인 간 채무관계는 법원에서 패소해도 신용도에는 영향이 없다. (○, ×)

④ 연체금을 갚으면 신용도가 이전으로 회복된다. (○, ×)

⑤ 은행대출을 받지 않으면 돈이 있다고 평가되어 신용등급이 좋아진다.
   (○, ×)

⑥ 금융회사나 대출모집인은 내 동의가 없어도 내 신용정보를 알 수 있다.
   (○, ×)

⑦ 개인회생·파산·신용회복을 받으면 바로 신용이 회복되어 대출을 받을
   수 있다. (○, ×)

⑧ 소득이 높으면 신용등급이 올라간다. (○, ×)

⑨ A은행에서 대출받은 것을 C캐피탈사도 안다. (○, ×)

⑩ 소득이나 재산이 많으면 신용등급이 높게 산정된다. (○, ×)

⑪ 신용카드를 많이 발급받으면 신용등급이 떨어진다. (○, ×)

자료: 금융감독원

정답

① ○. 2011년 10월부터 신용등급에 반영되지 않는다.

② ×. 연체정보로 기록되어 신용등급에 영향을 미친다.

③ ×. 확정판결로 법원의 채무불이행자 명부에 등록되면 영향을 미친다.

④ ×. 연체기록은 일정 기간 보존되므로 바로 회복되지 않는다.

⑤ ×. 신용거래가 있어야 신용등급을 측정할 수 있다.

⑥ ×. 내가 신용정보제공 동의를 해야만 내 신용정보를 볼 수 있다.

⑦ ×. 금융사는 자체적인 고객정보와 등급도 관리하므로 대출이 거절될 수
있다.

⑧ ×. 신용등급은 채무상환 관련 정보 위주로 반영된다.

⑨ ○. 신용정보조회 시 모든 금융권 신용거래정보를 알 수 있다.

⑩ ×. 금융거래 이력과 형태를 중심으로 판단한다.

⑪ ×. 신용카드 보유 수와 신용등급은 무관하다. 건전한 신용거래 이력이
중요하다.

가난을 피하려면
악성부채에서 벗어나라

외형을 부풀릴 것인가, 내실을 다질 것인가?

보증 문제로 남의 대출금을 대신 갚아줬던 악몽이 있다. 보증보험을 주로 활용하는 지금과는 달리 외환위기 전에는 형식적인 인적보증을 요구했었다. 그 트라우마로 지금까지도 '대출금 총액이 남편의 연봉 이하일 것, 언제라도 매각해서 대출청산이 가능한 대상일 것'이라는 전제조건하에서만 대출을 활용한다. 최악의 상황으로 몰려도 책임질 수 있는 범위 내로 한정하는 것이다. 이러한 성향 때문에 레버리지(대출)를 활용하는 공격적인 투자자들에게 소심하다는 소리를 종종 듣곤 했다. 그러나 시간이 흐른 후에 보니 순자산을 기준으로 하면 별 차이가 없다는 것을 알게 되었다.

개인들의 투자 방법이 외환위기를 기점으로 달라졌다. 그전에는 주로 자기 돈을 모아서 투자했다면 2000년대 이후부터는 대출을 이용한 레버리지 투자가 자리를 잡았다. 사실 레버리지를 잘 활용하면 자산 증가 속도를 높여줄 수 있다.

1억 원을 투자해서 2천만 원의 이익이 났다고 해보자. 투자수익률은 20%다. 동일한 조건에서 5천만 원을 대출로 조달했다면? 이자 등을 감안하지 않은 상태에서 투자수익률이 40%로 껑충 뛰어오른다. 8천만 원이 대출이라면? 자기 돈이 2천만 원인데 2천만 원의 수익이 났으니 투자수익률이 100%다. 다수의 투자자들 내면에 잠재된 '빨리' 수익을 내고자 하는 욕망에 부합하는 투자기법이다.

하지만 레버리지 투자는 손실이 날 땐 투자자를 더 빠르게 주저앉힐 수도 있다. 2020년 초부터 나타난 코로나바이러스감염증-19의 여파로 어떤 일이 벌어졌는지를 보자. 빚을 내 주식 투자를 했던 경우 졸지에 깡통계좌가 된 경우가 많았다. 이렇듯 돌발적인 악재가 나타나면 위험에 내던져지기 쉽다. 1억 원을 투자했는데 그중 대출금이 8천만 원이었다고 해보자. 그게 갑자기 8천만 원으로 하락했다면 전체적으로는 20%의 하락이지만 실제 투자자금으로 따지면 손실률이 100%다. 만일 7천만 원으로 하락했다면 자기 돈은 다 사라진 채 오히려 천만 원의 빚만 남게 된다.

자산가격이 급락해 자산을 처분해도 대출금을 상환할 수가 없어서 넘어지는 경우를 여러 번 봤다. 설사 무너지지는 않더라도 이미 투자금을 전부 베팅한 상태이기에 자산가격 급락으로 싸게 살 수 있는 기회도 그냥 흘려보내게 된다. 상환능력에 비해 과도한 채무는 늘 외줄을 타는 듯이 삶을 힘들게 한다. 세상은 욕심을 부린다고 원하는 만큼 다 얻을 수 있는 곳이 아니다.

그렇다고 레버리지 투자를 무조건 피하라는 이야기를 하려는 것이 아니다. 레버리지를 활용할 땐 반드시 자기가 감당할 수 있는 수준인지 아닌지를 잘 가늠해보고 결정해야 한다.

부채규모의 적정성부터 따져라

지금은 청년층에게까지도 학자금대출이나 청년맞춤형전월세대출 등의 대출상품이 자연스럽게 스며들어와 있다. 이런 금융환경하에선 순소득과 대출규모의 적정한 정도를 따져보면서 자신을 재무적 위험으로 몰아넣지 않도록 관리해나가야 한다. 참고로 순소득이란 총소득에서 세금을 뺀 금액이다. 연봉이 3천만 원인데 세금이 200만 원이라면 순소득은 2,800만 원이다.

- **신용부채:** 마이너스통장을 포함한 신용카드 현금서비스, 자동차 할부금 같은 모든 신용대출의 합이다. 신용대출은 순소득 대비 10% 이내가 바람직하다. 20%가 넘으면 빨간불이 켜지기 시작한 상태다.

- **주거 관련 부채:** 주택 관련 대출의 월 상환액이다. 매달 갚아야 하는 원리금은 물론 월평균으로 나눈 재산세, 아파트 관리비 등을 포함한 비용이다. 이 비용은 매달 순소득 대비 30% 이내로 지출하는 것이 바람직하다.

- **총부채:** 모든 부채의 합이다. 연간 기준으로 부채상환을 위한 돈은 총소득 대비 36% 이내, 총자산 대비 40% 이내가 적정하다. 36%는 미국 금융회사에서 주택담보대출을 신청할 때 기존 부채비율을 살펴보는 심사 기준이다. 부채비율이 50% 이상이라면 자칫 파산으로 이어지기 쉬워서 모든 것을 부채청산에 맞춰야 한다.

이상의 내용은 개인마다 경제적 상황이 다르므로 절대적인 기준은 아니다. 전문가마다 약간씩 다른 기준을 제시하지만 대동소이하므로 참고로 삼아볼 만하다.

· 부채비율과 적정성 기준 ·

신용부채	신용대출과 현금서비스 인출액 합계 → 순소득 대비 10% 이내가 바람직함
주거 관련 부채	주택 관련 대출 월 상환액 → 순소득 대비 30% 이내가 바람직함
총부채	신용부채 + 주거 관련 부채 + 기타 모든 부채의 상환금 → 총소득 대비 36% 이내가 바람직함 → 총자산 대비 40% 이내가 바람직함(50% 이상이면 위험한 상태)

다중부채, 하루라도 빨리 청산하라

빚이 많은 사람은 가난해서 빚을 졌다기보다는 빚 때문에 돈을 모으지 못해 가난해진 경우가 더 많다. 다중채무자들은 안전핀을 뽑은 수류탄을 들고 있는 것이나 다름없기에 빚을 줄이는 데 모든 역량을 집중시켜야만 한다.

묻기를 절대로 부끄러워하지 마라

다중부채를 지닌 사람일수록 금융기관과 가까이 지내야 한다. 중·저신용자이고 고금리대출을 받은 경우라면 더더욱 그렇다. 고금리대출자의 부담을 낮춰주기 위한 '중(中)금리대출' 같은 정책대출상품이 출시되어도 자신이 그 대상인지조차도 모르는 사람들이 많기 때문이다.

금리가 낮은 곳으로 통합시킨다

대출이 여기저기 분산된 상태라면 금리가 낮은 곳으로 최대한 몰아야 한다. 단기 신용대출을 제외하고는 신용대출은 부동산담보대출로, 현금서비스나 카드론은 마이너스통장 또는 신용대출로, 제2금융권 대출은 제1금융권 대출로 갈아타야 금리가 낮아진다.

대출상품을 갈아탈 때는 중도상환 수수료와 대출설정비를 확인한 후 득실을 꼼꼼하게 따져봐야 한다는 점을 잊지 말자.

대출금리가 높은 것부터 갚는다

통상적으로 금리는 '사채 > 현금서비스 > 제2금융권 신용대출 > 카드론 > 제1금융권 신용대출 > 주택담보대출' 순서로 낮아진다. 이자가 높은 사채부터 갚되, 연체된 것이 있다면 신용관리를 위해 연체된 것부터 상환한다.

도저히 감당이 안 된다면 신용회복제도를 이용한다

신용회복제도는 크게 공적 채무조정제도와 사적 채무조정제도로 나뉜다. 법원에서 진행하는 개인회생제도가 대표적인 공적 채무조정제도다. 이 외에 금융회사 간 자율협약에 근거해 연체기간에 따른 채무조정을 지원하는 것이 사적 채무조정제도다. 프리워크아웃, 개인워크아웃 등이 채무 상환기간 연장, 분할 상환, 이자율 조정, 이자 및 원금 감면 등을 지원한다. 자격 요건 등이 모두 다르므로 자세한 사항은 금융감독원 서민금융(fss.or.kr/s1332)을 통해 확인하자.

아무도 알려주지 않았던
맞벌이 가구의 함정

맞벌이가 실속이 있을까?

부부 10쌍 가운데 4쌍 정도가 맞벌이 부부일 정도로 맞벌이가 흔하다.

> "세상이 아무리 좋아졌다고 해도, 일과 육아를 병행하는 것은 쉽지 않아. 워
> 킹맘은 늘 죄인이지. 회사에서도 죄인, 어른들께도 죄인, 애들은 말할 것도
> 없고…."

드라마 〈미생〉 속 일과 육아의 기로에 놓인 워킹맘의 말이다. 맞
벌이를 하면 실제로 여자 입장에서는 수시로 "악" 소리가 날 지경이
다. 아이가 어릴 땐 밤을 꼴딱 세우고 출근하기도 하고, 아이가 아프

기라도 하면 몸이 어디에 있든 바늘방석이다. 고생하는 만큼 확실하게 더 벌어야 고생에 대한 보상이 될 텐데, 맞벌이 부부는 정말 그 정도로 보상을 받고 있을까?

통계청에 따르면 맞벌이 가구는 월평균 643만 원을 벌고 외벌이는 396만 원을 번다고 한다(2017년 기준). 수치상으로는 맞벌이가 247만 원 더 많이 버는 것이 맞지만, 한 사람이 더 출근하면서 교통비·의류비·자녀 보육비와 교육비도 더 들어간다. 게다가 맞벌이는 소비지출로 483만 원을, 외벌이는 소비지출로 298만 원을 쓰기 때문에 월평균 흑자액은 맞벌이 160만 원, 외벌이 98만 원이다. 맞벌이 부부가 외벌이보다 고작 62만 원을 더 모으기 위해 곳곳에서 치러야 할 희생의 대가를 생각하면 쥐꼬리 수준의 금액이다.

맞벌이 가구는 대출도 더 많다

일반적으로 생각하면 맞벌이 가구는 외벌이 가구보다 빚이 적을 것 같다. 혼자 벌 때보다는 둘이 벌 때 소득이 더 많을 것이기에 대출금도 갚기 쉬울 것 같지만, 실상을 들여다보면 맞벌이가 외벌이보다 빚이 더 많다. 소득과 직장을 갖출수록 대출 여력이 증가하는데, 부부 모두 소득과 직장이 있는 맞벌이가 외벌이보다 더 많은 금액을 대출받을 수 있다. 여기에 국민연금과 퇴직연금을 둘 다 받는 '연금 맞벌이'가 되니 노후 불안감이 상대적으로 덜하기까지 하다. 그래서 맞벌이 부부는 더 좋은 집에서, 더 좋은 학군에서 자녀를 키우기 위해 무리한 대출을 받기도 한다. 실제로 맞벌이 부부의 대출잔액(1억 1,645만 원)이 외벌이 부부(9,136만 원)보다 약 1.3배 많은 것으로 나타났다(통계청 '2018년 신혼부부통계' 결과).

이때 맞벌이 부부가 흔히 간과하는 점이 있다. 한쪽이 실직을 해도 다른 쪽의 소득이 유지된다는 생각으로 부채부담을 크게 걱정하지 않는 경우가 많다는 것이다. 특히 부부 중 한쪽이 공무원이나 교사처럼 정년이 보장되고 연금이 나올 경우 더욱 소득안정성을 과신하기 쉽다.

맞벌이 부부라면 한 사람의 소득을 다 모아라

맞벌이로 둘이 벌 땐 더 쓰고, 빚을 더 져도 그다지 문제가 되지 않는다. 외벌이 가구보다 경제적 긴장감이 상대적으로 느슨해져 있기도 쉽다.

그런데 갑자기 한 사람이 일을 할 수 없는 상태가 되어 소득이 끊어졌다고 해보자. 외벌이 가구는 다른 한 사람이 대신 생업전선에 뛰어들어서 위기를 그럭저럭 이겨나갈 수가 있지만, 맞벌이 가구는 바로 소득의 급감으로 이어진다. 갑자기 대출을 줄이거나 이미 높아진 씀씀이를 줄이는 것은 쉽지 않기에 이내 '빈자(貧者)의 삶'으로 들어가버리기 쉽다. 이것이 바로 미국 상원의원 엘리자베스 워런

(Elizabeth Warren)이 언급한 '맞벌이의 함정'이다.

만일 지금 맞벌이라면 다음 질문에 대답해보라.

- 한 사람이 직장을 그만두어도 1년 이상 버틸 수 있는가?
- 현재의 고정지출 비용을 30% 이상 낮출 수 있는가?

(주택담보대출, 자동차 할부금, 보험료, 아파트 관리비, 자녀 학원비 등)

맞벌이였던 우리 부부가 딱히 원칙이라고 정한 바는 없지만 결혼 이후 지금까지 지켜온 것이 두 가지가 있다.

첫째, 한 사람의 소득은 늘 없는 셈 치고 살았다. 생활비, 아이들 교육비, 대출이자 등 모든 지출규모를 남편의 급여(순소득)에 맞춰놓고 생활했다. 교육비가 증가하는 시기에는 아이들에게 이렇게 말했다. "사교육비로 무리하면 부모의 노후를 갉아먹게 돼. 나중에 아빠와 엄마의 생계를 책임져줄 게 아니라면 꼭 필요한 것만 요구하렴." 이런 식으로 설명해주면 아주 어리지 않은 한 아이들도 무슨 말인지 다 알아듣는다.

한 사람의 소득만으로 살면 소비수준이 필요 이상으로 높아지지 않고 한 사람의 소득을 모두 저축하거나 투자할 수 있다. 『탈무드』에 "가난한 사람이 암탉을 잡아먹는다면 그가 병에 걸렸거나 암탉이 병에 걸렸을 때다."란 말이 있다. 알을 낳는 닭을 먹어치우는 것은 황금 거위의 배를 가르는 것과 같다. 한 사람의 소득을 '알을 낳는 닭'이라 생각하고, 이를 잡아먹지 말고 매달 한 마리씩 늘려나가야 한다.

둘째, 모든 소득은 내가 다 관리한다. 누구도 이혼을 전제로 결혼하지 않으므로 부부 사이에는 감추는 것 없이 소득과 지출내역을 모두 공유해야 한다. 돈은 한 사람이 관리해야 잘못된 지출을 바로잡고 내 집 마련과 노후준비 같은 계획을 체계적으로 짜거나 실천할 수 있다. 똑같이 벌어도 어떻게 쓰는지에 따라 부족할 수도, 남을 수도 있는 것이 돈이다. 관리되지 않는 지출이 많아질수록 무의미하게 새나가는 돈이 많아진다.

그런데 여기서 생각해볼 부분이 있다. 우리 사회의 중기적 과제 중 하나가 노동개혁을 통해 선진국들과 같은 고용구조의 유연성을 확립하는 것이다. 고용구조의 유연성이란 채용과 해고가 모두 쉬운 상태를 의미한다. 따라서 더욱 더 한 사람의 소득으로 살고 나머지 소득은 저축하는 습관을 들여야 한다. 그렇지 않으면 언젠가 다가올 미래에 일시적으로 소득이 끊어질 경우 모아둔 돈을 다 까먹고, 돈이 없으니 다시 일자리를 찾는 빈자의 상황을 반복해야 할지도 모른다.

지금부터 시작하는
슬기로운 저축 생활

주거래 은행과 급여통장을
선택하는 법

급여통장에 돈을 내버려두지 마라

"월급을 받을 때마다 이게 내가 일을 해서 받은 대가인지, 여기저기 빠져나가기 위한 돈인지 헷갈려요."

"카드 대금, 공과금, 휴대폰 요금 등이 자동이체로 빠져나가면 남은 돈은 어떻게 해볼 마음이 생기지도 않아요. 소액으로 뭘 하겠어요. 그냥 통장에 내버려둬요."

직장인에게 가장 기본이 되는 통장은 급여통장이다. 급여통장에 대한 이런 넋두리에 공감이 된다면 가장 먼저 할 일은 자기반성이다. 통장에서 활용되지 못한 돈이 있다는 것은 자기만 열심히 일하고 돈은 놀고 있는 상태라는 의미다. 우리가 쉴 때도 돈은 한순간도 쉬지 않고 열심히 일하는 구조를 만들어야 하는데, 그러기는커녕 수입 관리조차도 제대로 못하는 것에 불과하다.

이렇게 이야기하면 사람들은 보통 투자를 하고 싶어도 투자자금이 소액이어서 할 수 있는 게 없다고 하소연한다. 실제로는 돈이 없어서가 아니고 투자할 자신이 없어서 핑계를 대는 것은 아닌가?

단지 몇만 원만 있어도 적립식펀드 투자가 가능하고, 저가 주식도 살 수 있다. 금값이 오를 것 같으면 금을 그램(g) 단위로도 사고파는 은행의 골드뱅킹 투자를 할 수도 있다. 또한 은단처럼 보이는 그래뉼 형태의 은을 살 수도 있고, 부동산을 담보로 소액의 돈을 빌려주고 이자를 받는 부동산 P2P 투자도 가능하다. 의지의 문제일 뿐 방법이 없는 것이 결코 아니다. 만 원짜리 한 장이라도 통장에서 편히 쉬지 못하게 하자.

급여통장과 주거래 은행 따져보기

회사에서 급여통장의 은행을 지정해주는 경우와 그렇지 않은 경우가 있다. 회사에게 지정해주는 은행이 기존의 주거래 은행과 다를 땐 이직 가능성을 따져보자. 이직 가능성이 없거나 낮다면 주거래 은행을 바꿔서 급여통장 은행과 주거래 은행을 일치시키는 것이 낫다. 급여통장은 은행의 대출심사에서 가점을 높게 주는 통장인 데다 거래기간도 따져서 대출승인 여부나 대출금리를 결정하기 때문이다. 이직 가능성이 높으면 기존의 거래기간을 살리는 것이 중요하므로 주거래 은행은 그대로 두고 급여통장만 회사가 지정한 은행에 개설하면 된다.

맞벌이 부부는 급여통장을 이용해서 주거래 은행을 두 군데로 분산시킬 수도 있다. 남편의 주거래 은행과 아내의 주거래 은행을 따로 두면, 향후 대출을 받을 일이 있을 때 두 은행의 제시조건을 비교해 선택할 수 있어 좋다.

급여통장을 개설하면 수수료면제나 금리우대, 대출지원, 환율우대 등의 부가혜택이 있다. 급여통장을 개설한 은행을 주거래 은행으로 삼을 가능성이 높다는 것을 이용한 일종의 미끼다. 좀 더 화끈한 미끼로 급여통장을 개설하면 '잔액 200만 원 이하에 대해 우대금리 적용'처럼 일정 금액에 대해선 은행의 예적금보다 높은 금리를 주기도 한다.

가령 200만 원 이하의 금액에 대해 연 4% 이자를 준다고 해보자. 이 조건으로 한도를 1년 내내 채웠을 때 1년간 얻을 수 있는 이자는 세전 8만 원이다. 200만 원을 연 1.3%짜리에 예금한다면 이자는 세전 2만 6천 원이므로 급여전용통장이 훨씬 이익이다.

그렇지만 수시입출금식 급여통장에 넣어둔 돈은 찾아서 쓰는 것이 쉽다는 치명적인 단점이 있다. 온통 돈을 사용하도록 유혹해대는 세상에서 몇만 원 이익을 얻으려다 괜히 몇십만 원이나 몇백만 원을 소모해버릴 가능성이 높아진다. 돈을 빼서 쓰기 어렵게 하는 작은 강제성이라도 있어야만 돈이 모이며, 그래야 내 집 마련 등 더 큰 투자를 위한 발판을 만들어갈 수 있다. 급여전용통장은 개설한 다음 수수료면제 등의 혜택만 누려도 충분하다.

CMA통장보다는 은행 급여통장

증권사의 CMA(Cash Management Account)는 안정성이 높은 채권이나 어음에 투자한 수익을 이자로 주는 실적배당형 금융상품이다. 돈을 관리하는 계좌라는 뜻으로 '어음관리계좌' 혹은 '종합자산관리계좌'라고도 한다. 한국은행이 정하는 기준금리보다 조금 높은 정도의 수익률로 매일 이자가 입금된다는 특징이 있다. 입출금이 자유롭고 공과금 납부나 체크카드와 연결도 가능해서 요즘엔 CMA도 급여통장으로 많이 추천된다.

하지만 증권사는 주식담보대출을 제외하고는 대출기능이 없다는 점을 생각해보자. 내 집 마련 자금 대출 등을 염두에 둔다면 CMA보다는 은행의 급여통장을 활용하는 것이 더 낫다. 당장은 대출계획이 없더라도 사람 일은 성급히 예단하지 말자. 언제 대출받을 일이 생길지 모른다.

정리하면 CMA는 급여통장보다는 비상금통장의 용도나 투자금을 잠깐 대기시켜두는 용도로 적합하다.

CMA통장에는 크게 RP(환매조건부채권)형, 종금형, MMF(머니마켓펀드)형, MMW(머니마켓랩)형 총 네 가지가 있다. 종금형은 예금자보호법이 적용되어 안정적이다. 나머지는 종금형보다 수익률이 높은 편이지만 예금자보호법 대상이 아니다.

금융사가 망하면 내 돈은?

예금자보호법이란 예금보험에 가입한 금융회사가 영업 인허가의 취소, 해산 또는 파산 등을 해도 예금자 1인당 5천만 원까지 보호해주는 제도다. 예금상품과 저축성보험 등이 해당된다. 다만 보험이 중도해지되는 데 따르는 손해는 감수해야 한다.

주식은 증권예탁원에 보관되어 있어 증권사가 파산하더라도 안전하다. 펀드는 은행이나 증권사에서 판매만 하고 자산운용사에서 운용하는 구조다. 은행이나 증권사, 자산운용사 등이 망해도 주식은 증권예탁원에 투자되지 않고 있는 펀드 투자금을 신탁사에 보관해 안전하다. 다만 금융기관 자체 신용으로 발행한 일부 실적배당형상품은 금융사가 망하면 원금을 되돌려받지 못할 수도 있다.

연금상품은 언제 어떻게
선택해야 할까?

연금상품을 고를 때는 세금부터 따져라

국민연금은 선택에 대한 고민이 필요 없지만 개인연금은 그렇지 않다. 은행·증권·보험사에서 모두 판매하고 있어서 무엇을 선택할지 고민이 이만저만이 아니다. 상품별로 세제혜택 또한 달라서 복잡하게만 느껴진다는 불평도 크다. 그렇지만 알고 보면 개인연금은 크게 두 가지다. 연말정산에서 세액공제가 되는 세제적격상품과 세액공제는 되지 않지만 일정조건에 부합하면 비과세가 되는 세제비적격 상품으로 나뉜다.

• **세제적격상품**: 연말정산에서 세액공제가 되고 연금 수령 시 3.3~

5.5%의 연금소득세를 낸다. → 연금저축계좌(연금저축펀드, 연금저축보험, 연금저축신탁)

- **세제비적격상품:** 세제혜택은 없지만 일정조건에 부합하면 비과세가 되어 연금소득세가 없다. → 연금보험(연금보험, 변액연금보험)

연말정산에서 얼마나 환급을 받을까?

연금저축상품은 연금저축펀드, 연금저축보험, 연금저축신탁 세 종류다. 기본적으로는 최대 연 400만 원까지 세액공제가 가능하지만 50세 이상은 2022년까지 600만 원 한도다. 하지만 연령에 상관없이 총급여가 1억 2천만 원(종합소득금액 1억 원)을 넘으면 공제한도가 300만 원으로 줄어든다. 그런데 이 돈을 세금에서 바로 빼주는 것이 아니다. 여기에 공제율을 적용시키는데 근로소득 총급여가 5,500만 원(종합소득금액 4천만 원) 이하면 16.5%, 이를 초과할 경우 13.2%가 적용된다. 공제한도를 꽉 채워서 납입했다면 소득에 따라 39만 6천(300만 원×13.2%)~99만 원(600만 원×16.5%)을 돌려받는다.

결과적으로 연금저축계좌에는 세 종류의 돈이 들어 있게 된다. 연금저축의 연간 납입한도는 1,800만 원이지만 공제한도는 300만 원 또는 400만 원이다. 그래서 연금저축계좌에는 공제를 받은 돈과 공제를 받지 못한 돈 그리고 운용수익이 함께 공존하는 것이다.

만일 세액공제만 받고 중도해지를 하거나, 연금 형태로 받지 않으면 어떻게 될까? 세액공제를 받았던 돈과 전체 수익에 기타소득세 16.5%를 물린다. 13.2%로 세액공제를 받았어도 예외 없이 16.5%가 부과된다. 세액공제를 받지 않은 돈은 세금을 부과하지 않아서 비과세다.

　예외가 있다면 천재지변, 가입자 사망 또는 해외 이주, 파산, 개인회생 등 부득이한 사유에 한정해 중도해지 등을 할 경우 연금소득세와 동일한 저율 분리과세(세율 3.3~5.5%)를 적용해준다. 사유발생일로부터 6개월 이내 해지신청 건에 한해서다.

선택부터 애먹이는 연금상품, 어떻게 선택하지?

개인연금을 선택할 땐 세액공제 여부 이외에도 노후에 연금 형태로 받을지, 일시금으로 받을지를 따져봐야 한다. 연금저축은 5년 이상 납입하고 만 55세 이후 연금 형태로 받길 원할 때 선택한다. 다만 이전 직장에서 받은 퇴직금이 연금계좌에 있는 경우에는, 가입 후 5년이 지나지 않아도 55세 이상이면 연금을 받을 수 있다. 연금을 종신형으로 받을 수 있는 것은 생명보험사의 연금저축보험만 가능하다. 반면 손해보험사의 상품은 확정기간형으로 최대 25년까지만 연금으로 받을 수 있다. 연금저축신탁과 연금저축펀드도 확정기간형이지만 딱히 기간제한은 없다. 그래서 확정기간을 길게 설정하면 종신형과 같은 효과가 생긴다.

반면 연금보험은 비과세 요건만 충족하면 연금으로 받든 일시금으로 받든 모두 비과세다. 2017년 4월 이후 가입분부터 비과세 기준이 까다로워졌다. 10년 이상 유지에서 월 납입보험료 150만 원(연 1,800만 원) 이하라는 납입 조건이 더 생겼다. 금액한도를 넘기면 초과금액만이 아닌 전체금액이 과세대상계약으로 전환된다. 보험료를 계약시점에 다 내는 일시납은 납입액의 한도가 2억 원에서 1억 원으로 줄었고 '종신형 연금'으로 받아야 비과세가 된다.

납입방식도 상품별로 차이가 있다. 연금저축신탁과 연금저축펀드는 자유납(정액납입도 가능) 방식이라 매달 가변적으로 납입할 수 있다. 몇 달 납입하지 않아도 계좌가 해지되지 않아서 매달 납입해야 한다는 부담감이 덜하다. 반면 연금저축보험과 연금보험은 정해진 금액을 주기적으로 납입하는 정액납입 방식으로 두 달 이상 납부하지 않으면 실효된다. 하지만 2014년 4월 이후 판매된 연금저축보험은 납부유예제도가 도입되어서 납부유예를 신청하면 1년간 보험료를 내지 않아도 된다. 납부유예는 전체 납부기간 중 최대 세 번까지 가능하다.

그런데 연금저축신탁은 수익률이 낮아서 현재는 판매되지 않는다(기존가입자는 유지 가능). 결국 선택의 범위는 연금저축펀드와 연금저축보험으로 압축된다. 연금저축펀드는 가입자 스스로 해당 펀드 내에 있는 국내외주식상품, 원자재상품, 채권상품 등 여러 종류의 상품들을 운용해야 한다.

연금보험은 45세부터 연금 개시가 가능하며 공시이율형 연금보

험과 변액연금보험으로 나뉜다. 공시이율형은 공시이율에 따라 이
자가 쌓이는 방식이고 변액연금보험은 보험과 펀드가 결합된 실적
배당형상품이다.

공시이율이 더 높은데, 왜 손엔 쥐어지는 건 더 없지?

"예금금리는 연 1.3%인데 연금저축(또는 연금보험)의 공시이율은
2.8%나 돼요."

  제시하는 금리가 높으니 이득인 것 같으면서도 공시이율이란 뭘
까 하는 의문에 고개를 갸우뚱하게 된다. 공시이율은 보험사가 자체
적으로 정한 변동이율이다. 보험사 홈페이지 '공시실→상품공시→
적용이율→공시이율'에서 확인할 수 있다.

  보험상품 종류는 납입액에서 사업비를 먼저 떼고 나머지 금액에
대해 공시이율을 적용한다. 이 때문에 공시이율이 예금금리보다 높
아도 납입원금 수준에 도달하려면 대략 7~10년 정도가 걸린다. 그
전에 해지하면 원금 손실을 감수해야 하나, 납입원금에 도달하면 그
때부터는 공시이율의 효과가 나타난다.

  공시이율 말고도 10년 초과할 경우 1% 식의 최저보증이율도 있
다. 시중금리가 아무리 떨어져도 공시이율이 최저보증이율보다 낮
아지는 것은 막아주겠다는 최저 적용 기준선이다. 최저보증이율은
상품마다 다르고 가입기간별로도 달리 적용되는데 계약 당시 정해

진 최저보증이율은 변경되지 않는다. 금리가 낮을 땐 최저보증이율도 낮게 정해지므로 그럴 땐 사업비를 보고 판단하는 것이 낫다. 사업비가 낮을수록 해지환급금이 100%에 도달하는 시간이 단축된다.

연금저축 수익률이 마음에 안 들면 금융사를 바꿔라

연금저축은 장기보유상품이라는 점에서 더 높은 수익률을 내고 있는 다른 금융사의 상품으로 계약이전을 할 수 있다. 옮기려는 금융회사에 신분증을 지참하고 가서 계좌를 만들면 금융사끼리 알아서 처리해준다. 그 과정에서 기존 금융사가 확인전화를 걸어오는데 중간에 마음이 바뀌었다면 확인전화에서 결정을 취소해도 되고, 유지해도 된다. 계좌이전은 기타소득세나 계좌이체 수수료를 부과하지 않지만 상품에 따라선 해지공제액 또는 환매 수수료가 발생할 수도 있다.

3층 연금, 정말로 완벽한 노후준비일까?

3층 연금이라 불리는 '국민연금+퇴직연금+개인연금'으로 노후준비는 끝이라고 한다. 과연 맞는 말일까? 이들 간의 공통점은 금융상품이라는 점이다.

• 인플레이션에 따른 1천 원의 가치변화 •

(단위: 원)

물가상승률	1년 후	5년 후	10년 후	20년 후	30년 후
1%	990	951	904	818	740
2%	980	904	817	668	545
3%	970	859	737	544	401
4%	960	815	665	442	294
8%	920	659	434	189	82
9%	910	624	389	152	59
10%	900	590	349	122	42
12%	880	528	279	78	22
15%	850	444	197	39	8

30세에 종신형 개인연금상품에 가입해서 100세까지 산다고 해보자. 그 사람은 무려 70년이란 긴 시간 동안 납입은 현재 가치로 하고 연금은 미래 가치로 받는다. 그렇다면 시간을 타고 돈의 가치는 어떻게 변화될까?

한국은행의 현재 물가안정목표치는 2%다. 이 정도가 우리 경제에 가장 도움이 된다고 보는 수준이다. 만일 물가가 하락하는 추세라면 나중에 살수록 더 싸기 때문에 사람들은 오늘 지갑을 열지 않으려 할 것이다. 이런 식으로 돈이 잠겨버리면 경기가 더욱 나빠지기 때문에 적당한 물가오름세가 필요한 것이다.

물가안정목표치는 몇 년마다 바뀌지만, 물가가 매년 2%씩 꾸준히 상승한다고 가정해보자. 그러면 지금의 1천 원은 30년 후에는 현재 가치로 545원에 불과해진다. 이러한 물가상승분을 반영해주는 공적 연금과 달리 퇴직연금과 개인연금은 물가상승분이 반영되지 않는 다. 따라서 오직 수익률로만 승부해야 하기에 금융상품으로만 노후 를 대비하는 것은 모험일 수도 있다. 우리는 미래를 모르니, 안전하 게 물가를 흡수하는 특성이 있는 부동산과 같은 실물자산에 분산투 자를 해두는 것도 고려해봐야 한다.

퇴직금으로
예금하지 마라

퇴직금을 지켜주는 퇴직연금제도

"그간 회사를 몇 번 옮겨 다니면서 퇴직금을 다 써버렸어요."

"아르바이트나 비정규직도 퇴직금이 있나요?"

퇴직금은 1년 이상 근무하고 주 15시간 이상 일하면 아르바이트나 비정규직이라도 받을 수 있는 강행규정이다. 그런데 이를 모르는 사람들이 여전히 많고 무관심하거나 아예 손을 놓고 있는 사람도 많다.

회사도산 등으로 퇴직금을 떼먹히지 않도록 사외에 퇴직금을 적립해두기 위해 2005년에 도입된 것이 퇴직연금제도다. 2022년까지 모든 사업장이 퇴직연금제도를 도입해야 한다. 퇴직연금제도는 확정급여형, 확정기여형, 개인형 세 가지로 운용된다.

- **확정급여형(Defined Benefit, DB형):** 기업이 외부기관에 퇴직금 운용을 맡기는 방식이다. 운용수익과 손실은 모두 회사 몫이기 때문에 운용손실이 났어도 회사는 근로자에게 퇴직 시 '퇴직 직전 3개월간 평균 급여×근속연수'로 산출된 퇴직금을 지급해야 한다. 물가상승률보다 임금상승률이 높은 사업자, 직급 상승의 기회가 많은 근로자에게 유리하다.

- **확정기여형(Defined Contribution, DC형):** 임금 총액의 1/12 이상을 매년 근로자의 퇴직연금계좌에 내주는 것으로 퇴직금 중간정산과 비슷한 방식이다. 근로자가 직접 퇴직연금상품 내에 들어 있는 정기예금·펀드·ELS 등의 금융상품을 통해 관리한 운용결과에 따라 퇴직금이 결정된다. 투자에 능한 근로자, 이직이 잦은 직종, 임금체불 위험이 있는 기업의 근로자에게 유리하다.

- **개인형 퇴직연금(Individual Retirement Pension, IRP):** 국내 직장인의 평균 근속기간은 6년 2개월 정도에 불과하다. 이직 시 퇴직금을 받아서 흐지부지 사용하지 않고 노후까지 잘 지킬 수 있게 퇴직연금계좌가 만들어졌다. 55세 미만 퇴직연금 가입자는 퇴직 시 퇴직금이 자동으로 IRP계좌로 이체된다. 퇴직연금 가입자가 아니면 IRP계좌를 개설한 후 퇴직급여액의 80%에 해당하는 금액을 퇴직일로부터 60일 내에 IRP계좌로 이체하면 된다.

퇴직연금으로 예금만 하다가는 노후가 녹아난다

퇴직연금적립액이 200조 원에 근접해 있고, 2050년이 되면 2천조 원에 이를 것으로 예상된다. 그런데 본인이 직접 확정급여형(DB형)과 확정기여형(DC형) 중 하나를 선택할 수 있는 경우는 많지 않다. 두 가지 방식을 모두 채택한 회사가 많지 않아서 근로자는 결국 회사가 선택한 방식을 따를 수밖에 없기 때문이다. 퇴직연금제도가 도입된 초기엔 DB형 가입자가 다수였으나 점차 DC형 가입자가 증가하고 있는 추세다.

하지만 금융감독원에 따르면 퇴직연금의 전체 적립액 중 87%가 초저금리시대에서도 은행정기예금 같은 원리금보장상품으로 운용되고 있다. 투자를 모르니 신경 쓰기도 싫고 원금이라도 잃지 않겠다는 마음은 이해가 되나 문제는 낮은 수익률이다.

이런 보수적인 투자 태도가 왜 문제일까? 월급여가 200만 원인 근로자가 3년 근속을 했을 경우 DB형과 DC형의 퇴직금을 비교해보자. 임금상승률이 매해 4%라고 가정한 단순 계산 결과는 오른쪽 표와 같다.

이 표를 통해 분명하게 알 수 있는 것은 DC형의 경우 운용실적에 따라 희비가 엇갈린다는 점이다. 단순 계산에 의한 비교이지만 따져봐야 할 부분이 있다. 우리나라는 입사한 후 일한 기간이 길수록 직급이 높아지면서 급여가 더 많아지는 구조가 보편적이다. DB형은 임금피크제(일정연령에 도달한 시점부터 임금을 삭감하는 대신에 고용을 정

• 퇴직연금 유형별 퇴직금 •

근속기간	확정급여형(DB형)	확정기여형(DC형)
1년 차	200만 원	200만 원
2년 차	208만 원	208만 원
3년 차	216만 3,200원	216만 3,200원
3년 근속 시 누적 퇴직금	648만 9,600원 (216.32×3년)	624만 3,200원(200+208+216.32)+운용실적 * 운용실적을 제외하면 대략 DB형의 96% 수준

* 매년 매월 동일금액을 수령한다고 했을 때, DB형은 '퇴직 직전 3개월간 평균급여×근속연수'를 DC형은 '총급여의 1/12'을 적립하는 것으로 가정한다.

년까지 보장받는 제도)를 적용하는 기업이 아닌 이상, 정년까지 일할 때 생애 최고급여를 기준으로 퇴직금을 정산받게 된다.

반면 DC형은 매년 한 달 치의 급여 정도를 퇴직금 중간정산 비슷하게 받는 구조여서 퇴직금 원금의 총액 면에서 상대적으로 불리할 수 있다. 이러한 불리함을 극복하려면 적극적인 투자를 통해 임금상승률보다 높은 수익을 내야만 한다.

퇴직금, 어떻게 굴려야 할까?

이직으로 퇴사할 때마다 받는 퇴직금을 IRP계좌에 넣어두면 어떤 이점이 있을까? 퇴직금을 흐지부지 쓰는 것을 막을 수 있고, 합법적인 절세가 가능하다. 퇴직금 인출 때까지 과세이연이 되어 퇴직소득

PART 3 지금부터 시작하는 슬기로운 저축 생활 107

세(6~40%) 납부가 미뤄지는데, 55세 이후 퇴직금을 10년 이상의 연금으로 선택하면 퇴직소득세율의 70%(연금수령연차가 10년 이상이면 60%)에 해당하는 연금소득세가 부과된다. 그리고 IRP에서 발생한 수익도 일반 금융상품에 매겨지는 세율 15.4%가 아닌 3.3~5.5%의 연금소득세가 적용된다.

DC형과 IRP계좌는 근로자가 직접 운용을 해서 수익을 내야 하는 구조다. 퇴직연금상품 내에 있는 원리금보장형은 돈을 잃지 않기 때문에 안정성이 높은 대신 수익성이 떨어진다. 예금과 원리금보장형 보험계약, 환매조건부채권(RP), 통화안정증권 등이 이에 해당한다. 그중 원리금보장형 보험계약은 다시 '이율보증형'과 '금리연동형'으로 나뉜다. 이율보증형은 보증기간 종료 시까지 약정이율을 보장해주고, 금리연동형은 매달 변하는 공시이율이 적용된다.

원리금비보장형 자산으로는 원리금비보장 보험계약(실적배당형) 채권, 채권형·주식형·혼합형 펀드 등이 있다. 이들 펀드를 운용하는 요령은 펀드 투자 방법과 같다. 운용 중 잘 모르는 것이 생기면 머뭇거리지 말고 사소한 것이라도 거래하는 금융회사에 물어보자. 그런 과정을 거치면서 운용실력이 향상되는 것이다. 수익률과 수수료율 등은 거래 금융회사의 홈페이지나 금융감독원 통합연금포털 (100lifeplan.fss.or.kr)에서 알 수 있다.

연금계좌로 세금이 얼마나 아껴질까?

연금저축과 IRP를 합쳐 '연금계좌'라고 하며 IRP의 추가 납입액을 합쳐 연간 1,800만 원까지만 적립할 수 있다. IRP계좌로 들어가는 돈은 퇴직금과 추가 납입금이 있는데, 추가 납입금은 세액공제 대상이다. 눈여겨볼 점은 IRP의 세액공제한도는 소득과 상관없이 연금저축과 합쳐 최대 700만 원, 50세 이상은 900만 원까지 가능하다는 것이다(2022년까지).

다음 세 가지 경우에 세액공제가 가능한 한도에 대해 알아보자.

① **IRP계좌의 추가 납입액이 없고 개인연금저축 납입액만 있을 때:** 연간 세액공제한도는 최대 400만 원 또는 600만 원이다.

② **개인연금저축 납입액이 없고 IRP계좌의 추가 납입액만 있을 때:** 연간 세액공제한도는 최대 700만 원 또는 900만 원이다.

③ **개인연금저축과 IRP계좌의 추가 납입액이 모두 있을 때:** 연간 세액공제한도는 최대 700만 원 또는 900만 원이다. '개인연금저축 100만 원+IRP 600만 원' 식으로 공제한도를 채우는 것이 가능하다.

연금계좌의 공제한도인 700만 원을 모두 채웠다면 공제율은 연금저축과 같다. 근로소득 총급여가 5,500만 원(종합소득금액 4천만 원) 이상이면 최대 92만 4천 원(13.2%)을, 미만이면 최대 115만 5천 원(16.5%)을 환급받는다. 50세 이상은 최대 148만 5천 원을 환급받는다.

하지만 IRP 추가 납입액을 세액공제한도만 보고 넣어선 안 된다. 왜냐하면 퇴직연금은 기본적으로 퇴사 이외의 경우엔 중도인출이 안 되기 때문이다. 다만 DC형과 IRP에서는 무주택자의 주택구입, 본인이나 부양가족이 6개월 이상 요양 중일 경우, 개인파산이나 개인회생 절차 개시, 천재지변 등의 예외적인 몇몇 경우에 한해서만 중도인출이 허용된다. 퇴직금이 아닌 추가 적립분의 경우에도 연금저축과 동일하게 세액공제를 받은 돈과 운용수익에 대해서는 16.5%의 기타소득세가 부과된다.

연금계좌 내의 소득세율이 다 다르다고?

연금계좌에는 퇴직급여, 세액공제를 받지 않은 돈, 세액공제를 받은 돈 그리고 운용수익이 뒤섞여 있다. 계좌 내의 돈은 원천에 따라 각기 다른 세율을 적용받는다. 연금을 받을 때는 연금수령자에게 유리하도록 '세액공제를 받지 않아서 세금이 없는 돈 → 퇴직급여 → 세액공제를 받았던 금액과 운용수익금' 순서로 인출된다. 이를 통해 세액공제한도 이상으로 불입하더라도 그 돈으로 꾸준히 수익을 낸다면 일반금융상품에 매기는 15.4%의 세금이 아닌 저율과세인 연금소득세를 적용받는다는 것을 알 수 있다.

그리고 연금저축처럼 DC형의 퇴직연금과 IRP계좌 또한 다른 금융사로 이전하는 것이 가능하다. 금융회사를 넘나들며 연금계좌는 연금계좌끼리, IRP는 IRP끼리 갈아탈 수 있고 조건에만 부합한다면 연금계좌와 IRP 간 이체도 가능하다. 연금저축과 마찬가지로 이동하려는 금융사에 가서 계좌만 개설하면 간단하게 옮길 수 있다. 일부 상품에서는 중도해지 수수료가 발생할 수 있어 이 부분은 금융사를 통해 사전에 확인해봐야 하며, 세금원천징수 업무에 혼란이 야기되는 일부 계좌는 이전이 제외된다.

여기서 IRP와 개인연금저축의 차이가 궁금할 수 있다. IRP는 위험성 자산에 70%까지만 투자가 가능하고 담보대출이 되지 않는다. 그리고 매년 편입상품 수수료 외에 별도의 계좌 수수료(0.3%)를 낸다. 반면 개인연금저축은 자산운용에 제한이 없고, 담보대출과 중도인출도 가능하며 계좌 수수료 없이 상품 수수료만 내면 된다.

1인가구에도 꼭 필요한
주택청약종합저축

주택청약종합저축통장은 필수다

"이제 사회초년생이에요. 모아둔 돈도 없고 어디서부터 어떻게 해야 할지 앞이 막막해요. 혼자 살지도 모르니 집도 있어야 되겠고….."

"올해 결혼하려는데 집 마련이 이렇게 힘든 줄 몰랐어요."

이럴 땐 일단 주택청약종합저축통장부터 개설하자. 은행에서 가점이 높은 통장이면서도 새 아파트를 분양받으려면 필요한 통장이기도 하다. 공공주택·민영주택·보금자리주택·장기전세주택(시프트)·국민임대·공공임대 등에 청약할 자격이 주어진다. 청약통장 없이 가능한 것은 미분양 물량뿐이다.

향후 아파트 청약 계획이 없어도 청약통장은 필요할까? 미래의 일은 알 수 없으니 계획이 없다고 단정하지 말자. 매월 2만~50만 원까지 5천 원 단위로 자유납 방식으로 불입할 수 있는데 이자율이 1년 미만인 경우 최대 1%, 1년 이상 2년 미만 1.5%, 2년 이상 1.8%다. 지금처럼 예금금리가 낮을 땐 만기 없는 적금으로도 활용할 수 있다. 만 19~34세이면서 연 소득 3천만 원 이하면 가입할 수 있는 청년우대형은 일반 통장보다 높은 최고 3.3%의 이자를 준다.

소득공제혜택도 있다. 연간 총급여 7천만 원 이하의 무주택 세대주에게 해당되는데, 연간 저축액 240만 원 한도 내 최대 40%(96만 원)까지 소득공제가 가능하다. 연봉이 3천만~4천만 원이라면 매년 12만 원 정도를 공제받는다. 다만 공제를 받은 때부터 5년 이내에 임의로 해지 시에는 납입한 금액의 6.6%를 추징받는다.

국내 거주자면 주택 소유 여부나 나이와 상관없이 1인 1계좌만 가능하며 우리·신한·하나·기업·NH농협·국민 은행 등을 통해 가입할 수 있다. 주택도시기금의 조성 재원으로 정부가 관리하고 있어서 설령 은행이 망해도 납입원금을 상실할 가능성은 없다. 주택도시기금 사이트(nhuf.molit.go.kr)에서 관련 내용을 확인할 수 있다.

아파트 청약, 당첨 확률 높은 1순위가 되려면?

주택청약통장은 가입자가 2,300만 명을 넘고 있으니 가히 국민통장이라 할 수 있다. 하지만 가입자 대부분이 청약을 해본 적도 없고 할 줄도 모르는 모호한 통장이기도 하다.

공공주택의 1순위 요건

공공주택(국민주택)의 경우는 주택청약종합저축(청약저축 포함)에 가입한 지 1개월~2년이 지나야 1순위가 된다. 서울의 경우 전 지역이 투기과열지구 및 청약과열지역으로 분류되어서 청약통장 가입 후 2년이 지나야 1순위가 된다. 단지 기간만이 아닌 납입 횟수도 같이 채워야 한다. 투기과열지구, 청약과열지역은 매월 납입한 횟수가 총 24회 이상이 되어야 공공주택에 대한 청약 1순위 자격이 된다.

조건이 그렇게 까다롭지 않다 보니 1순위자가 차고 넘친다. 서울에서만 청약통장 1순위자가 300만 명이 넘고 수도권 지역까지 합

· 공공주택 청약 시 1순위 요건 ·

구분		청약통장 가입기간	납입 횟수
투기과열지구 및 청약과열지역		2년 경과	24회
위축지역		1개월 경과	1회
투기과열지구 및 청약과열지역, 위축지역 외	수도권 지역	1년 경과 (24개월 연장 가능)	12회 (24회 연장 가능)
	수도권 외 지역	6개월 경과 (12개월 연장 가능)	6회 (12회 연장 가능)

출처: 한국감정원 청약홈

* 위축지역은 주택 분양·매매 등 거래가 위축되어 있거나 위축 우려가 있는 지역이다. 청약 주택이 위축지역 내의 주택인지 여부는 입주자 모집 공고문에서 확인할 수 있다.

치면 700만 명이 넘는다. 이 때문에 동일 순위 내에서도 우선순위가 또 있다. 공동주택의 우선순위 요건은 전용 40m² 초과 시에 3년 이상 무주택 세대이되 저축총액이 많아야 한다. 전용 40m² 이하에선 3년 이상 무주택 세대이되 납입횟수가 많아야 한다.

그러면 월 납입한도인 50만 원을 꽉 채워서 불입하면 공공주택 청약 시 저축총액 면에서 유리해질까? 아니다. 공공주택 청약 시 월 10만 원까지만 인정되어서 매월 10만 원씩 꾸준히 오래 납입한 무주택자가 가장 유리하다. 그러니 매월 10만 원씩 꾸준히 오래 납입하는 것이 좋은 전략이 된다.

민영주택의 1순위 요건

민영주택은 일반건설사가 공급하는데, 공공주택 공급물량이 많지 않아서 민영주택 청약이 공급물량의 상당부분을 차지한다. 1순위 요건 중 가입기간은 공공주택과 같지만 납입금에서 차이가 크다. 지역에 따라 면적별 납입금액이 정해져 있다. 서울은 납입금액이 1,500만 원이면 모든 면적에 대한 청약이 가능하고, 1천만 원이면 전용 135m² 이하, 600만 원이면 102m² 이하, 300만 원이면 85m² 이하 면적에 대한 청약이 가능하다. 자금 여유가 된다면 1,500만 원을 납입해두면 되고, 전용 85m² 이하 소형아파트 청약 계획만 있다면 300만 원만 예치해두는 식의 전략을 짜두면 좋다. 광역시는 납입금액이 1천만 원이면 모든 면적의 청약이 가능하고 700만 원은 전용 135m² 이하, 400만 원이면 102m² 이하, 250만 원이면 85m² 이하 면적의 청약이 가능하다. 시·군은 동일 면적에 대한 금액기준이 각각 500만 원, 400만 원, 300만 원, 200만 원이다. 이 금액은 매월 납입해서 채워도 되고, 한 번에 납입해도 인정된다.

그런데 민영주택의 청약저축 납입액 기준만 채운다고 끝이 아니다. 1순위를 제한하는 규정도 더 있다. 투기과열지구나 청약과열지역의 경우에는 세대주가 아니거나, 과거 5년 이내 당첨 사실이 있거나, 2주택 이상 소유한 세대라면 1순위 청약을 할 수가 없다. 청약주택별로 다음 어느 하나에 해당하는 경우 청약통장이 1순위에 해당해도 2순위로 청약해야 한다.

1. 투기과열지구 또는 청약과열지역 민영주택

- 세대주가 아닌 자
- 과거 5년 이내 다른 주택의 당첨된 세대에 속한 자
- 2주택 이상 소유한 세대에 속한 자

2. 전용 85m² 초과 공공 건설 임대주택 또는 수도권 공공주택지구

- 2주택 이상 소유한 세대에 속한 자

1순위에 해당한다고 해도 여기서 끝이 아니다. 무주택기간, 부양가족, 청약통장 가입기간으로 가점을 계산해서 점수가 높은 순으로 우선순위를 다시 결정한다. 주택청약시스템(applyhome.co.kr)을 통해 자신의 가점계산은 물론 청약정보를 얻거나 청약신청도 할 수 있다.

청약저축통장은 분양당첨과 동시에 즉시 계좌가 없어지지만 임대주택에 당첨된 경우에는 다음 임대주택 분양 때도 몇 번이고 계속 사용할 수 있다. 다만 임대주택이라도 '5년 후 분양전환조건 임대주택'인 경우처럼 분양전환조건이 붙어 있으면 당첨과 동시에 청약통장 계좌가 해지된다.

조정대상지역에선 청약도 까다로워진다

집값이 달아오르는 것을 막기 위해 둔 장치로 조정대상지역, 투기과열지구, 투기지역이 있다. 주택가격 상승률이 물가 상승률보다 높거나 청약 경쟁률이 5 대 1 이상인 경우 일정기준에 따라 지정되며, 규제 강도는 '투기지역 > 투기과열지구 > 조정대상지역' 순으로 높다.

현재 주택매매 거래에서 거래금액이 6억 원 이상이면 자금조달계획서를 제출해야 하는데, 조정대상지역 등 규제지역에서는 3억 원 이상부터 해당된다. 그런데 6·17 대책으로 인해 2020년 9월부터는 규제지역 내에선 거래가액과 상관없이 자금조달계획서를 모두 제출해야 한다. 투기과열지구에서는 9억 원이 넘는 주택거래의 경우 자금조달계획서 이외에도 예금잔액증명서 등 증빙서류를 함께 요구하는데, 9월부터는 금액에 상관없이 모든 거래에서 자금조달계획서와 증빙서류를 첨부해야 한다. 그리고 투기지역이 되면 기준시가가 아닌 실거래가로 양도소득세 등이 부과된다.

비규제지역은 주택담보대출 시에 담보인정비율(LTV) 70%, 총부채상환비율(DTI) 60%를 적용한다. 반면 규제지역에서는 LTV 0~50%, DTI 40~50%로 강화되어 대출가능 액수가 확 줄어든다. 투기과열지구에서는 거래가액이 15억 원을 넘으면 LTV 0%가 적용되어 대출이 금지된다. 이 외에도 주택담보대출을 받으면 6개월 내 전입해야 하는 등 전입 및 거주 요건 또한 까다로워지고, 지정일 이후 취득한 아파트 분양권은 소유권이전등기 시까지 전매금지 된다. 주로 아파트에 대한 규제로 주택시장의 상황에 따라 대상 지역이 달라질 수도 있다. 혹은 규제 수준이 수시로 강화되거나, 일부 규제는 실소유자를 고려해 완화하거나 보완하는 대책이 나올 수도 있다. 이를 찬찬히 살펴보며 무리하지 않는 선에서 자금조달 계획을 세워야 예기치 못한 낭패를 피할 수 있다.

한편 조정대상지역과 투기과열지구에서는 청약통장 가입 후 2년 이상, 납입횟수 24회 이상 등의 조건을 갖춘 무주택 세대주만 1순위 청약이 가능해진다. 게다가 청약가점 적용비율이 전용면적 85m² 미만의 경우 비규제 지역에서는 최대 40%지만 조정대상지역은 75%,

---

특별공급대상 자격 놓치지 마라!

특별공급대상은 신혼부부, 3자녀 이상 다자녀가구, 노부모 부양, 생애 최초 주택 구입 등이다. 해당 항목에 따라 1가구당 평생 1회에 한해 받을 수 있다. 일반공급에 비해 경쟁률이 낮으므로 대상자라면 적극 활용해야 한다.

투기과열지구는 100% 식으로 높아진다. 추첨 가능한 물량이 감소함에 따라 청약가점이 낮은 20~30대는 무주택자여도 상대적으로 불리해지게 되었다. 따라서 본인이 특별공급대상이 되는지를 확인해 대상자라면 특별공급 물량을 노리는 전략을 짜야 한다.

시세보다 저렴한 행복주택 분양받기

행복주택은 대학생, 청년(19~39세), 신혼부부, 한부모가족, 고령자, 주거급여수급자, 산업단지근로자를 위한 공공임대주택이다. 주변 시세의 60~80% 수준의 임대료로 젊은 층(대학생, 사회초년생, 신혼부부 등)에게 80%, 취약·노인 계층에게 20% 배분된다.

임대차계약은 2년 단위로 갱신되며 대학생과 청년은 최대 6년, 신혼부부는 최대 10년, 고령자·주거급여수급자는 최대 20년까지 거주할 수 있다. 입주자 모집 공고는 한국토지주택공사, 지방공사 등의 홈페이지에서 볼 수 있고, 입주자격 및 임대료 등의 자세한 정보는 LH청약센터 또는 마이홈포털에 공고되고 있다.

행복주택에 입주하려면 소득과 자산 기준도 충족해야 한다. 가구원 수를 감안한 소득이 통상 '전년도 도시근로자 가구당 월평균 소득의 100% 이하'여야 한다. 맞벌이 신혼부부에 한해 월평균 소득의 120%로 완화한 기준을 적용한다. 총자산을 계산할 때는 부동산 보유액과 은행 예적금뿐만 아니라 주식·펀드·보험 평가액까지 따진다. 저축성보험은 입주자 모집 공고일을 기준으로 해약환급금 예상액을, 펀드와 주식은 환매예상액을 계산해 금융자산으로 반영한다.

청약 전에 입주 가능 여부를 미리 확인해보고 싶다면 LH청약센터 (apply.lh.or.kr) 또는 마이홈포털(myhome.go.kr)의 '행복주택 자가진단'을 활용하면 된다. 청약은 LH청약센터를 통해서 할 수 있다.

중복 청약을 했다면 어떻게 될까?

청약통장으로 분양받을 때는 중복 청약을 주의해야 한다. 접수일은 같아도, 당첨자 발표일만 다르면 복수 청약이 가능하다. 당첨자 발표일이 빠른 단지에서 먼저 당첨이 되면, 다른 단지들은 자동 소멸된다. 그런데 접수일은 다르지만 당첨자 발표일이 같은 단지에 중복 청약을 한다면 모두 무효 처리되므로 중복 청약신청을 할 수 없다.

청약에 당첨됐지만 동, 호수 등이 만족스럽지 않아 계약을 포기할 경우도 생기는데, 해당 통장은 일단 당첨된 통장이므로 재사용할 수 없다. 다만 예비 순위 당첨인 경우는 동, 호수 추첨에 참여하지 않으면 당첨되지 않은 것으로 여겨져 청약통장은 유효하고 1순위 자격도 유지된다.

연금계좌로 전환이 가능한
만능통장 ISA

절세가 가능한 만능통장 ISA

어떻게 자산을 관리하고 모을 것인가는 계속해서 연구하고 풀어가
야 할 숙제다. 그런 의미에서 놓칠 수 없는 것이 바로 절세상품이다.
만능통장이라는 별칭이 있던 ISA(Individual Savings Account, 개인
종합자산관리계좌)도 절세상품이라면서 대대적인 홍보와 함께 출시되
었다. 한 상품 안에서 펀드, 예적금, ELS, 환매조건부채권(RP), 리츠
(REITs) 등 여러 상품에 투자가 가능해서다.

ISA는 절세혜택이 있는 만큼 가입 자격에 제한이 있다. 2021년
말까지만 가입할 수 있으며, 현재 기준으로 1인 1계좌만 가능하고,
근로소득과 사업소득이 있는 사람 그리고 농어민이 가입할 수 있다.

	ISA 일반형	ISA 서민형
대상	근로소득자 사업소득자	1. 총급여 5천만 원 이하 근로자 2. 종합소득 3,500만 원 이하 사업자 3. 15세 이상 29세 이하 가입자(청년형) 4. 농어민
의무 가입기간	5년	3년
비과세한도	200만 원	400만 원
납입한도	연 2천만 원	연 2천만 원

3년 이내 은퇴자나 휴직자도 가입할 수 있도록 새로이 포함되었으며, 신규취업자의 경우엔 당해 연도 소득이 있어야 한다. 금융소득종합과세 대상자는 가입할 수 없다. 납입금액은 연간 2천만 원 한도로 최대 5년간 1억 원까지 적립할 수 있다.

ISA로 절세효과를 최대한 누리자

ISA는 투자상품에 해당되며 신탁형과 일임형 중 하나를 선택해야 한다. 신탁형은 투자할 상품을 투자자가 직접 선택하는 것이고, 일임형은 금융사에게 맡겨서 운용하는 방식이다. 투자일임업은 증권사의 고유 업무이지만 ISA에 한해 은행도 상품판매가 가능하다. 일임형은 수수료가 순자산의 0.1~1.0%로, 순자산의 0~0.3%인 신탁형보다 높다.

ISA가 다른 금융상품과 다른 점은 가입 의무기간 동안 발생한 순수익(손익통산)을 계산해서 세금이 부과된다는 것이다.

ISA 내에 있는 ELS와 채권형펀드를 선택해 운용했다고 해보자. ELS로 300만 원을 벌었는데 채권형펀드로 50만 원을 잃었다면 순이익은 250만 원(300만 원-50만 원)이 된다. 근로소득이 5천만 원 이하라면 400만 원까지 비과세가 되므로 순이익 250만 원은 전액 비과세다. 하지만 근로소득이 5천만 원이 넘으면 200만 원까지만 비과세되고 나머지 50만 원은 9.9%의 세율 적용으로 4만 9,500원이 원천징수된다. 동일한 조건의 일반 금융상품이었다면 채권형펀드는 이익이 나지 않아서 이자소득세가 없고, ELS로 번 300만 원에만 15.4%에 해당하는 46만 2천 원이 부과될 것이기에 ISA가 세제 면에서는 훨씬 유리하다.

ISA를 자신이 직접 운용한다면 통산을 통한 절세효과를 최대한 누리는 것도 자산을 불리는 요령이다. 연간 2천만 원이란 한도가 있으므로 차익이 비과세가 되는 국내 주식형펀드보다는 일반펀드 투자를 할 경우 15.4%의 세금을 내야 하는 배당주펀드나 채권형펀드, ELS 등에 ISA를 활용해볼 만하다.

원래는 정해진 의무기간을 채우지 못하면 세제혜택이 없었지만 2018년부터 ISA계좌에서 납입원금 내의 중도인출이 허용되었다. 물론 사망, 해외이주, 천재지변, 퇴직, 사업장의 폐업, 3개월 이상의 입원치료 또는 요양을 필요로 하는 상해와 질병의 발생 등의 사유가 생겼다면 중도해지가 가능하다. 하지만 중도해지를 하면 절세기능이 사라지면서 수익의 15.4%를 세금으로 내야 하니 급전이 필요할 때는 해지보다 중도인출을 하는 것이 낫다. 금융투자협회가 운영하는 ISA다모아(isa.kofia.or.kr) 페이지에서 ISA의 운용현황과 수수료, 수익률 등을 살펴볼 수 있다.

ISA의 계좌이전, 어떻게 하나?

ISA는 기본적으로 간접투자상품이다. 상품들마다 제각각 운용사들이 달라서 운용능력이 다르기 때문에 같은 유형의 상품이라도 더 높은 수익을 주는 금융사의 상품으로 옮겨 갈 수도 있다.

연금저축 등과 마찬가지로 이전을 원하는 금융회사 지점을 방문해 신청하면 된다. 다만 금융사마다 판매상품이 달라서 현금화한 뒤에 옮겨야 하기 때문에 손해를 볼 수도 있으므로 금융사와 상담 후 결정하는 것이 좋다. 예컨대 만기가 도래하지 않은 정기예금은 이자손실을 볼 수 있고, ELS 등에서는 중도환매 수수료가 부과될 수 있다. 기존 금융회사와 대출거래가 있다면 일정기간(일반적으로 대출 후 한 달) 계좌이전이 불가능할 수도 있고, 해당 재산에 가압류 등이 걸려 있어도 계좌이전이 안 된다.

애초에 ISA는 만기가 되면 비과세 등 세제혜택을 받고 해지하도록 설계된 금융상품이었다. 하지만 세법 개정으로 ISA 만기액을 연금저축계좌나 IRP계좌로 전환할 수 있게 되었다. 만기금액의 전부 또는 일부를 60일 이내에 연금저축계좌나 IRP계좌로 전환해 납입하면, 납입액의 10%(300만 원 한도)를 세액공제 대상으로 인정해준다. 이 세액공제 대상 금액은 연금저축과 IRP에 납입한 금액에 대해 세액공제 혜택과 별개로 300만 원 한도가 추가로 늘어나는 것이라 이해하면 된다.

💻 의무 가입기간 종료일보다 ISA 내 상품의 만기가 더 길다면?

이런 경우 손익통산 및 세제혜택 대상에서 제외된다. 의무 가입기간 종료일보다 상품 만기일이 더 길다면, 중도해지 후 세제혜택을 받는 것과 세제혜택을 포기하고 만기까지 유지하는 것 중 어느 것이 자신에게 더 이익인지 판단한 후 선택해야 한다.

PART 4

요즘 애들에게 필요한
경제지식은 따로 있다

빈부격차 해소의 출발점, 경제지식 쌓기

경제흐름을 알아야 위험을 피해갈 수 있다

1994년 6월에 샀던 집을 1997년 7월에 매도한 후 인근 아파트 전세로 옮겼다. 당시 주택가격이 서서히 오르던 때라 양가 부모님을 포함한 주변의 만류가 만만찮았다. 그렇지만 경제상황에 대한 두려움이커서 주변의 이야기에 귀를 막고 매도했는데, 얼마 뒤 금융위기가 도래했다. 그때 얻은 교훈이 있다. 최종적으로 믿을 수 있는 것은 나 자신뿐이란 사실이다. 그러려면 본인의 판단을 스스로 신뢰하고 믿을수 있어야만 하는데 그것은 경제지표를 근간으로 판단할 때 가능해진다. 객관적인 자료인 경제지표는 거짓말을 하지 않는다. 그중 가장중시해서 봐야 할 것은 시중에 돈에 얼마나 잘 흐르는가다.

당시 경제면 기사 귀퉁이에 늘 조그맣게 숨어 있던 금리지표들을 보면 1996년부터 금리가 교란되고 있었다. 콜금리가 회사채 금리보다 높은 금리역전현상이 수시로 나타났다. 콜금리란 금융기관끼리 단기간 돈을 주고받을 때의 초단기 금리로 대부분 몇 시간에서 하루짜리다. 금리를 가장 쉽게 표현하면 '돈의 값'이다. 돈을 빌리기 위해선 그 돈을 다른 데 활용해 이익을 얻을 수 있는 기회비용의 포기에 대한 보상을 줘야 한다. 그 기간이 길어질수록 금리가 높아져야 경제가 정상적인 상태다.

가끔 기업의 단기 자금수요가 확 몰리는 시기에 금리역전이 잠깐 나타나는 것은 큰 문제가 아니지만, 그 현상이 장기간 이어지거나 수시로 나타나면 경제의 적신호로 봐야 한다. 어디선가 자금에 문제가 생겼다는 것인데, 실제로 당시는 대기업들이 줄줄이 부도가 나던 때여서 뭔가 큰 위험이 숨어 있다고 생각했다.

그런데도 그때의 정치권은 경제를 돌아보기는커녕 대선을 앞두고 여야가 패를 갈라 다투기 급급했다. 정부와 언론은 IMF에 구제금융을 신청하기 전날까지도 우리나라의 거시경제 여건은 건실하다는 말만 앵무새처럼 되뇌었던 기억이 난다.

경제와 금융투자 지식을 쌓는 데는 여러 가지 방법이 있다. 그중에서 가장 좋은 방법은 경제기사를 꾸준하게 읽는 것이다. 한국은행(bokeducation.or.kr)과 한국금융투자자보호재단(invedu.or.kr) 홈페이지 등에는 유용한 경제 정보가 많다. 관련 책은 물론 증권사나 은행과 관련된 연구소, 리서치센터에서 만든 자료도 넘쳐난다. 아직

동기가 부족해 흥미를 느끼지 못할 수는 있겠지만, 어떻게 지식을 쌓아야 하는지 방법을 몰라서 경제에 대해 잘 모른다는 변명은 더 이상 하지 말자.

경제지식과 투자능력은 비례할까?

전문직 종사자인 M이 하소연을 해왔다. 자산가치가 하락하는 디플레이션(deflation)에 대한 우려로 집을 좀 더 싸게 사려고 하다가 결국 사지 않았다고 한다. 그런데 저금리로 풍부해진 유동성을 타고 집값이 갑자기 1억 원 넘게 뛰어오르자 '이러다 영영 무주택자가 되는 것은 아닐까?' 싶어 당황스럽다고 했다.

그는 사뭇 진지한 표정으로 이야기했지만 딱히 해줄 말이 없었다. 집값이 오르면 올라간 가격만큼 대출금을 더 늘려야 하는지라 하락했을 때도 사지 못하는 사람은 오른 가격으로는 더더욱 사기가 어렵다. 사실 투자에 있어서는 그 이전도, 그때도 계속 자신이 스스로 결정해야 할 문제였다.

투자 관련 책이나 투자자들이 약속이나 한 듯이 똑같이 강조하는 것이 있다. 몰려다니는 양떼마냥 남들을 따라다니며 투자하는 것은 좋은 전략이 아니라는 이야기인데, 실제로 그렇다. 남의 판단이나 이야기에 이리저리 부화뇌동하지 않으려면 경제지표를 보고 스스로 판단할 수 있어야 하는 것이다.

그러나 단지 경제지식만이 전부는 아니다. 노벨 경제학상을 수상한 학자들이 자신의 이론을 투자에 접목시켜 부자가 된 사례를 당장 떠올릴 수 있는가? 오히려 '부자' 하면 떠오르는 유명한 투자가 워런 버핏(Warren Buffett)이나 미국 대통령인 도널드 트럼프(Donald Trump) 같은 사람들은 경제학자가 아니라는 점에서 경제지식 그 자체가 투자의 만능키가 아니라는 점을 알 수 있다.

실제로 M도 경제서적 등을 꾸준히 읽어왔기 때문에 기반지식은 풍부했다. 하지만 투자자의 마인드나 투자경험을 가진 사람은 아니어서 그의 경제지식은 그저 텍스트 입력 단계에 불과할 뿐이었다. 그 즈음은 방송과 신문 등에서 '하우스푸어' 공포심을 부풀릴 때라 소형아파트의 매매가격과 전세가격이 엇비슷했던 곳들이 수도권에 제법 있었다. 그런데도 그는 그저 겁만 먹은 채로 아무것도 하지 않았다.

반면 토지 투자자 P는 비슷한 시기에 군중심리에 휩싸이지 않고 하락폭이 컸던 대기업 공장 인근에 위치한 소형아파트를 사서 지금까지도 계속 임대수익을 내는 중이다. P는 당시의 아파트값이 과잉급락으로 보인다고 말하면서도 자신의 예상이 빗나가면 손실을 감수하겠다고 했다.

이처럼 투자의 결정과 진행은 단지 지식에 의해서만이 아닌 자신의 인식을 따라가는 데 불과하다. 경제지표는 어느 때든 일사불란하게 한 방향만 가리키지 않으며 지표에 따라서는 서로 상반된 방향을 가리키기도 한다. 경제지표와 전문가의 견해 등에서 여러 정보가 혼재하면 반박하기 애매한 오답지나 다름없어지는데, 그럴 때 사람들은 주로 자신이 중요하다고 여기는 것을 받아들인다. 투자에 부정적인 인식을 가진 사람은 내수침체, 가계부채 같은 상황을 더 비중 있게 보고, 투자에 적극적인 사람은 저금리 상황을 더 눈여겨보는 식이다. M과 P의 차이가 바로 여기에 있었다. P처럼 용기를 내는 것도 평소에 훈련되어 있어야 가능한 것이다. 꾸준히 투자했던 사람이 위기 속에서도 투자기회를 잡는다.

정리하면 투자능력은 단지 지식이 아닌 경험을 바탕으로 후천적으로 개발되는 능력이자 감각이다. 이를 자극하고 개발하려면 평소에 할 수 있는 것들을 하나씩이라도 실천해가야 한다. 사실 내 집을 마련하고 싶다면 기사나 인터넷 정보에 백날 매달려 있어봐야 허사다. 직접 아파트 청약도 넣어보고 인근 부동산중개사무소에도 부지런히 들러서 시장상황을 파악해봐야 한다. 거래가격과 매물의 수가 어떻게 변화하고 있는지 시장동향을 파악하려 노력하다 보면 마침내 내 집이 생길 것이다.

인공지능이 투자를 대신해줄걸?

아직 초기단계이지만 투자에도 인공지능 자문서비스가 도입되고 있다. 금융사들이 인공지능(AI)이나 빅데이터를 활용한 투자서비스를 잇달아 출시하고 있어서 점점 로보어드바이저(Robo-Advisor) 시장이 커지면서 인공지능 자산관리 문턱 또한 낮아지고 있다. 로보어드바이저란 로봇(robot)과 투자상담사를 의미하는 어드바이저(advisor)의 합성어다. 예컨대 연금저축펀드, ISA, 펀드 등을 선택할 때도 인공지능이 투자자의 성향에 맞춰 제시해주는 투자 포트폴리오 중 하나를 쇼핑하듯이 고르거나 조언을 '따라만 가면' 되는 것이다. 인공지능은 투자대상은 물론 매입 및 매도 시점까지 제시해주어 금융투자를 어려워하는 사람에게도 유용한 도구다. 낮은 수수료로 짧은 시간 동안 여러 자료를 분석해서 합리적 결정(주관적 생각·감정 배제)을 내리는 것이 가능하다. 인공지능은 사람과 달리 인식의 편향성이나 오류에 부딪히지 않기 때문이다.

그렇지만 인공지능이 만능일 수는 없다. 인공지능이 영화 〈터미네이터〉에 등장하는 '스카이넷'처럼 스스로 진화한 수준이 아니기 때문에, 아직은 사람의 프로그래밍에 따라 정보를 모아 판단하는 것에 불과하다. 인공지능 자문서비스에 의한 투자결과가 언제나 플러스인 것도 아니다. 투자에서는 변덕스러운 사람들의 심리와 여러 이해관계들로 인해 비합리적이고 비논리적인 엉뚱한 결과가 나타날 수도 있다. 투자결과는 항상 이성적이기만 한 것이 아니다.

또한 사람들에겐 영악한 면도 있다. 인공지능이 해킹을 당해 엉뚱하게 작동하거나, 판단 오류를 유도하기 위해 의도적으로 역정보를 흘려두면 어떤 일이 벌어질까? 인공지능은 겪어보지 못한 상황에 대응하는 능력이 떨어지고, '인간 전문가'의 섬세한 판단을 따라잡지 못할 가능성도 있기에 만능이라고는 할 수 없다.

직장에서 직원에게 업무지시를 내린다고 해보자. 지시하는 사람이 업무에 대해 제대로 파악하고 있어야 정확한 지시를 내릴 수 있고, 오류가 생겨도 빠르게 바로잡을 수 있다. 분명한 것은 인공지능이 아직까지는 프로그램에 따라 움직이는 보조수단일 뿐, 여전히 우리가 아는 것들이 더 중요하다는 점이다.

기사에 낚이지 않고
경제 공부하는 법

경제기사가 너무 어렵다면 기사 제목만 보자

생생한 경제지식을 얻는 손쉬운 방법을 물으면 누구나 '경제기사 꾸준히 읽기'라고 대답한다. 그렇지만 기반지식이 부족할 땐 경제기사를 꾸준히 보는 것이 쉽지만은 않다. 경제기사가 재미없고 지루하게만 느껴진다면 일단 기사 내용은 접어두자. 대신 기사의 제목만이라도 훑어보는 습관을 들인다. 제목만 훑어봐도 최근의 주요쟁점과 핵심이슈가 뭔지 대강 파악할 수 있다.

그러다 자세한 내용이 궁금해지거든 기사 내용도 읽어가면서 점차 친숙해지는 과정을 거치면 된다. 이때 기사를 그저 읽는 것에 그치지 말고 다 읽은 후에 핵심내용은 무엇인지, 이해가 안 되는 개념이나 용어는 없었는지 찬찬히 머릿속에 떠올려보자. 이는 모르는 것을 즉시 검색해 찾아보도록 만들기 위함이다. 그래야 기사를 꾸준히 보는 힘이 커진다.

인터넷에서 투자 이야기를 나누자

간혹 이런 이야기를 듣곤 한다.

"친구 중에 투자 이야기를 함께 할 사람이 없어요."

인터넷상엔 수많은 투자 카페와 동호회가 있다. 그중에서 회원 수도 많고 활성화된 곳을 이용해보자. 알짜 정보를 공짜로 줄 사람은 없으므로 고급정보는 없겠지만, 초보자일 땐 투자지식과 간접적인 투자경험을 쌓는 데 유용하다. 다른 사람들의 판단이나 경험을 적은 글을 보면서 계속 자극받을 수 있고 궁금한 것을 물어볼 수도 있다.

또한 커뮤니티 공개 게시판에 자신의 판단을 담은 글을 적을 수도 있다. 예를 들어 '0%대 경제성장률, 저성장 고착화 우려'라는 제목의 기사를 보고 나서 이 기사에 대해 좀 더 심층적으로 알고 싶다고 해보자. 사람들이 궁금해할 것 같은 내용을 위주로 방송 원고를 만든다고 상상하라. 다음과 같은 질문 항목을 만들어 그 순서대로 글을 쉽고 간결하게 적어가는 것이다.

- 올해 경제성장률은 어떻게 되나?

- 최근 우리나라의 경제성장률은 어땠나?

- 올해 정부는 경제를 살리기 위해 어떤 노력을 했나?

- 저성장이 고착화되면 어떤 폐해가 나타나는가?

한 질문당 답변은 5~7문장 정도로 작성하는 것이 좋다. 질문에 대한 답을 검색해보면서 작성해나가면 시간은 좀 걸리겠지만 핵심을 추려내는 능력이 강화된다. 공개 게시판에 글을 올릴 땐 다른 사람들이 볼 것이란 생각에 잘 쓰고자 하는 욕구가 생겨 많은 자료를 찾아보게 된다. 그 과정에서 모르는 것을 익히게 되고 생각 또한 많이 하게 되면서 본질을 파악할 수 있는 능력과 이면을 유추해내는 힘이 커진다.

개인적으로 이 방법을 활용했을 때 생각은 나지만 머릿속에서 잘 정리되지 않았던 것들이 구체적이고 체계적으로 정리가 된다는 점이 특히 좋았다. 글을 보기만 하는 사람보다는 뭐라도 꾸준히 적는 사람이 앞서간 사례를 많이 봐왔다. 글을 적어본다는 것 자체가 적극성을 의미하기 때문이다.

보고 싶은 게 아닌 숨은 내용을 찾아야 한다

"아파트 거래량만 줄었을 뿐, 가격은 요지부동"이라는 제목의 기사가 있다고 해보자. 같은 제목을 보고도 사람에 따라 제각기 다른 판단을 한다. 대략 이렇지 않을까?

'거래가 성사되지 않는데도 가격이 그대로이면 싼 가격에 팔려는 사람이 없다는 건데…. 가격이 더 오르겠는걸.'

'사려는 사람이 확 줄어들었나 보네. 매도자들이 버티다가 결국엔 가격을 내리겠군.'

'뭔 의미인지 모르겠다. 관심 없으니 다른 기사나 보자.'

사람들은 경제기사도 자신의 과거 경험, 가치관을 바탕으로 각색해서 보려는 경향이 강하다. 이런 헛똑똑이가 되지 않으려면 현상을 객관적으로 이해하려는 노력이 필요하며 행간의 내용을 볼 수 있어야 한다. 그러기 위해선 표면적인 기사 내용이 아닌 '왜 그런 일이 생긴 걸까?' '앞으로 어떻게 된다는 거지?' '기사에는 어떤 내용이 숨어 있을까?' 같은 끊임없는 의문을 가져봐야 한다.

예컨대 국내 조선과 해운업체가 고전한다는 기사 속에 숨어 있는 내용을 찾아보자. 우선 관련 주가가 하락할 것이고, 해당 사업장이 있는 지역의 경기악화 가능성이 커지면서 가장 먼저 지역 내 자영업자들이 타격을 받을 것이다. 일자리가 줄어들면서 새로운 일자리를 찾아 다른 지역으로 빠져나가는 사람이 많아지면, 해당 지역의 상가와 주거용 부동산의 가격이 하락하는 요인이 되기도 할 것이다. 이런 식으로 기사 내용을 바탕으로 퍼즐을 맞추듯 숨은 내용을 찾아가야 하며, 기존 정보를 바탕으로 새로운 정보를 스스로 업데이트하는 힘을 키우려고 경제기사를 보는 것이다.

제목에 낚이지 말고 키워드 중심으로!

온라인 기사는 '가장 많이 본 뉴스'나 '분야별 주요 뉴스'를 위주로 보는 경우가 많기 때문에 '기사편식'이 생길 가능성이 높다. 이런 문제를 막으려면 '금리하락' '미국선거'처럼 주요쟁점과 핵심이슈의 키워드를 검색해 기사를 찾아보는 습관을 들여야 한다.

키워드 검색의 장점은 경제면과 국제면처럼 서로 관련된 여러 기사를 다양하게 볼 수 있다는 것이다. 예컨대 미국선거와 관련된 기사는 대개 국제기사로만 분류되어 있는데, 실제로는 국제정치 이외의 주식과 외환시장에도 큰 영향을 미치는 사안이다.

사설은 딱딱해서 그냥 지나쳐버리는 경향이 있는데 이 역시 읽어볼 필요가 있다. 사설은 경력이 오래된 뛰어난 베테랑 기자들이 쓰는 만큼 누적된 기억과 지식이 바탕에 깔려 있어야만 쓸 수 있는 내용이 많다. 하지만 각 언론사마다 특유의 성향을 반영시켜 특정 결론을 내려놓고 이야기를 전개하는 경우도 있으므로, 여러 언론사의 사설을 읽으며 편견이 생기는 것을 막아야 한다.

기사와 광고도 제대로 구별할 수 있어야 한다. 기사 같기도 한 광고, 광고 같기도 한 기사들이 생각보다 많다. 크게 '기사성 광고'와 '광고성 기사'로 나뉜다. 예를 들어 기사성 광고에서는 조망권의 가치가 크다고 설명하다가 조망권이 뛰어난 아파트를 분양하고 있다는 식으로 내용이 전개된다. 이런 기사를 '애드버토리얼(advertorial)'이라고 한다. 애드버토리얼은 대상의 장점만 부각하고 단점은 감춘 상태이므로 광고라고 봐도 무관하다.

광고성 기사는 좀 더 노골적이다. 기업의 홍보부서나 마케팅부서 등에서 작성한 자료를 받아 그대로 사용하기 때문에 대부분 작성한 기자 이름이 없다. 이런 기사를 믿고 투자결정을 하는 우를 범해서는 안 된다. '케이디미디어'라는 기업의 기사를 통해 광고성 기사의 사례를 살펴보자.

"케이디미디어, 호주 홈쇼핑 방송 송출 시작"

2016.03.09. / 뉴스와이어

예스샵은 뉴질랜드 시장에서 사업 개시 2년 만에 호주 홈쇼핑 1위 사업자인 TVSN을 제치고 가장 높은 시청률을 기록하고 있는 중이다. 케이디미디어 ○○○대표는 "호주에서 역시 뉴질랜드에서의 성공을 그대로 이어갈 것"이라고 호주 시장에서의 성공을 밝게 전망하며…. (이하 생략)

출처: 케이디미디어

기사를 작성한 기자 이름이 없고 회사에서 제공한 내용임을 분명하게 밝혔다. 누가 봐도 해외 홈쇼핑사업에서 성공했다는 내용이다. 이번에는 세 달 뒤에 작성된 취재기사를 살펴보자.

"FNC엔터, 케이디미디어 인수가격 높았던 이유"

김동희 기자 / 2016.06.13 / 더벨(the bell)

FNC엔터테인먼트(이하 FNC엔터)로 주인이 바뀐 케이디미디어가 골칫덩이인

해외 홈쇼핑사업을 정리하게 됐다. (중략) 실적은 좋지 못해 지금까지 영업적

자가 지속됐다. (이하 생략)

실제로는 해외 홈쇼핑사업이 고전했다는 내용이다. 앞서 살펴본 기사가 광고성 기사였음을 단박에 알 수 있다. 내용을 잘 살펴본 후 기사성 광고와 광고성 기사를 가려내자. 그러한 기사들은 모두 광고로 치부해도 무방하다.

기사를 맹신하지 마라

'기준금리가 1.0%로 하락했다'는 내용의 기사가 있다고 해보자. 기사 내용 중 금리를 내렸다는 것은 '팩트(사실)'이고 왜 금리를 내렸는지, 금리인하가 어떤 영향을 미치는지에 대한 것은 '의견'이다. 서술어로도 판단할 수 있다. 팩트는 '~했다.'라고 단정적으로 끝나지만 의견은 '~한' '~인 것으로 알려졌다.'라며 결론을 살짝 열어놓는다. '설마 기사에서 틀린 이야기를 하겠어?'라는 식으로 기자의 의견까지 맹신하지는 말자.

예를 들어 2018년 초까지만 해도 0~0.25%까지 하락했던 미국의 기준금리가 다시 오르기 시작하자 곧 4%대를 넘길 것이라는 전망이 넘쳐났다. 하지만 미국의 기준금리는 2.25~2.5%까지 상승했다가 하락반전 한 뒤 지금은 코로나바이러스감염증-19의 여파로

0~0.25%가 되었다. 이처럼 팩트가 아닌 의견은 이후 나타나는 변수들로 인해 맞을 수도 있고 틀릴 수도 있으며, 거시경제 전망의 예측이 빗나가면 투자전망도 같이 빗나가게 된다. 따라서 언론에 등장하는 전문가 코멘트를 완벽한 투자나침반으로 여기지 말고, 참고 정도로만 봐야 한다.

경제기사를 볼 때 특히 주의해야 할 시기는 어떤 이유로 인한 경제 불확실성이 높아질 때다. 이러한 때는 경제기사에서도 극단적인 주장이 횡행하는데 경험상 양극단의 자극적인 주장은 잘 맞지 않았다. 과거 외환위기 당시 애널리스트 스티브 마빈(Steve Marvin)이 종합주가지수가 290포인트 정도였을 때, "한국 주식시장은 200포인트도 지키기 어려운 상황이다. 그러니 다 팔고 나가라."라는 주장을 했었다. 그때가 바로 외환위기 당시 주가의 최저점으로 그 주장은 완벽하게 빗나갔다. 이후에 있었던 '국내 주가지수 5000포인트선 진입' '금융위기로 주택가격 1/6 토막' '비트코인이 1억 원까지 간다' 같은 극단적인 주장들도 현재로선 다 틀렸다. 사람들은 계속 살아가야 하니까 예측되는 미래에 대해 준비하고 대비책을 만들기에 예측과 빗나가게 되는 것이다.

그래서 "기사를 봐야 하지만, 기사만 믿으면 서민을 벗어나지 못한다."라는 말이 괜히 있는 것이 아니다. 전문가 코멘트는 참고는 하되 최종 판단은 스스로 해야 한다.

환율로 자산시장의
패를 먼저 보자

환율은 전 세계 돈이 들어오고 나가는 꼬리표다

이제는 전 세계가 점차 하나의 시장처럼 되어버린 개방경제구조
다. 하지만 환율이 국내에 어떤 영향을 미치는지에 대해서는 대부
분 관심이 없다. 그러나 환율을 모르면 투자약자에서 결코 벗어날
수 없다.

우리나라의 국민총소득(GNI) 대비 수출입비율은 86.8%(2018년 기
준)다. 같은 수치가 20~30% 선에 불과한 미국이나 일본과 비교해볼
때 현저히 높은 비율이다. 국민총소득은 그 나라의 국민이 일정 기
간 벌어들인 소득의 합계로서, 수출입비율이 높다는 것은 무역 의존
성이 높다는 뜻이다.

실제로 우리나라는 원자재를 수입해서 일부는 우리가 사용하고 나머지는 중간부품 등으로 가공해 수출하는 나라다. 이 때문에 다른 나라와 물건을 사고팔 때 적용되는 환율변화에 따라 기업의 성장성, 수출경쟁력과 수익성은 물론 국내 물가까지 영향을 받는다. 환율변화의 속도와 폭에 따라 국내 경기, 개인들의 소득, 주가, 채권가격, 부동산가격, 일자리까지도 춤을 춘다. 환율의 영향에서 자유로운 대상이 거의 없다.

저축과 투자가 다른 점에 대해 나는 '돈의 흐름 추적여부'라고 말한다. 단순 저축은 그냥 쌓아두면 되는 것이지만 투자는 돈의 흐름을 쫓거나 돈이 모일 것 같은 대상에서 미리 길목 지키기를 하는 행위다. 투자는 고도의 지식을 요하는 것이다.

시대를 불문하고 사람들의 돈에 대한 욕망은 한번도 꺾인 적이 없어서 돈을 벌 기회가 생기면 너나없이 달려든다. 그게 지금은 이 나라, 저 나라를 넘나들고 있다. 이익을 얻으려고 국내에 들어온 외국인 투자자금이 단지 국내 금융시장에만 국한해 영향을 끼치는 것이 아니다. 국내에 있는 유동성을 늘리기도 하고 줄이기도 한다. 그렇게 전 세계에 쌓여 있거나 흘러 다니는 돈은 천문학적인 단위다. 이 돈의 흐름을 파악하는 추격자가 되고 싶다면 환율변화와 시중 유동성의 증감 관계를 반드시 알고 있어야 한다.

환율 무시하고 달려들면 투자는 망한다

우선 환율에 대해 간략히 알아보자. 환율은 미국달러와 원화와의 교환비율을 말한다. 미국달러가 아니면 엔화환율, 위안화환율처럼 화폐의 이름을 붙인다.

환율을 따질 때는 1달러를 기준으로 삼는다. 1달러를 기준으로 원화를 더 주고 교환하면 환율이 오른 것이고, 원화를 덜 주어도 되면 환율이 내린 것이다. 환율이 오른 것은 1달러의 가격이 오른 것이어서 달러가치가 높아졌지만 대신 원화가치가 하락한 것이다. 반대로 환율이 내려간 것은 1달러의 가격이 싸진 것이라 달러가치가 낮아졌고 원화가치는 높아진 것이다.

- 환율 상승 = 달러가치 상승 = 원화가치 하락 = 원화가치 절하
- 환율 하락 = 달러가치 하락 = 원화가치 상승 = 원화가치 절상

이유야 어떻든 국내에서 국외로 빠져나가는 돈이 많으면 환율은 상승하고, 국외에서 국내로 유입되는 돈이 많으면 환율은 하락한다. 바로 이런 구조 안에서 돈이 어느 나라로 들어가고, 어느 나라에서 빠져나오는지에 대한 꼬리표 역할을 환율이 하는 것이다.

국내 기업이 해외에서 돈을 많이 벌어들일 때는 경기가 좋은 시기다. 기업이 번 달러 외에도 주가상승 등을 노린 외국인 투자자금이 국내로 들어오면서 달러의 유입 증가로 환율은 점차 하락한다. 달러

를 국내로 들여올 때는 금융기관에 달러를 주고 원화로 바꾸는 환전과정을 거친다. 그렇게 바꿔서 국내로 들어온 원화가 시중에 많이 풀리면 시중의 유동성이 증가해서 부동산과 주가 등의 자산가격이 올라간다.

이때 기업의 수출채산성 여부를 확인해봐야 한다. 환율이 지나치게 하락하면 수출채산성의 악화로 기업실적이 나빠지면서 기업의 주가가 더 이상 오르지 못하거나 하락하기 때문이다. 다른 측면에서는 원화가치가 높아지면 달러가치가 하락하는 것이라 외국인 입장에선 환율 하락에 따른 환차손도 따져봐야 한다. 더 이상 한국에서 이익을 내기가 어려워지면 외국인 투자자금이 해외로 급히 빠져나가는 과정에서 환율이 점차 상승한다. 이때 국내의 돈이 국외로 나갈 때도 환전이 필요하니 금융기관이 원화를 받고 달러를 내준다. 그 과정에서 원화가 은행으로 흡수되면서 시중 유동성이 감소해 국내 자산가격의 조정으로 이어지기가 쉽다. 이런 시기를 경기가 나쁘다거나 악화되었다고 한다.

하지만 돈이 국외로 어느 정도 빠져나가고 나면 환율 상승이 멈춘다. 환율이 상승하는 가운데 수출채산성이 점차 개선되는 데 따른 반응이다. 이런 환율의 순환원리에 따라 경기의 상승과 하강이 반복되며 투자의 방향도 함께 바뀐다는 것을 이해하고 있어야 한다.

이 같은 순환의 흐름 가운데, 환율의 움직임이 완만해야지 롤러코스터처럼 급변동하면 좋지 않다. 급상승은 대형악재가 생겨 돈이 해외로 급속히 빠져나가는 것일 때가 많고, 급하락은 단기 환차익을 노린 국제 투기자금을 국내로 불러들여 국내경제에 악영향을 끼치는 경우가 많다. 환율이 급변동할 때는 섣불리 판단하고 투자하기보다는 잠깐 관망하는 것이 좋다. 환율 변화의 이유와 방향성은 물론 속도와 폭에 대해서도 꼭 따져보고 상황을 종합해서 판단해야 한다.

환율은 금리와도 상관관계가 있다. 국내 금리가 다른 나라의 금리보다 높으면 금리가 낮은 나라의 돈을 이용해 금리 차를 얻으려는 외국인 투자자금이 들어오고, 낮으면 손실을 피해 이탈하면서 환율에 영향을 끼친다.

글로벌시대에는 국내 경기의 좋고 나쁨에 대한 판단이 상대적이다. 우리 입장에선 체감경기가 좋지 않아도 다른 나라보다 사정이 나으면 외국인 투자자금의 유입이 불경기 속에서도 국내의 유동성을 부풀려놓기도 한다. 이렇게 환율은 금융시장과 실물경제에 직접적이고 강한 영향을 주고받는다.

그렇다면 우리가 자산을 싸게 살 수 있는 때는 언제일까? 경기가 바닥을 쳤다가 회복하려는 때다. 정황을 살펴보고 시기를 어느 정도 가늠할 수 있다. 경기가 좋지 않을 때는 돈이 해외로 많이 빠져나간 때이기도 해서 환율이 많이 오른 상태일 때가 많다. 환율이 상승 추세를 멈추고 점진적으로 다시 하락하려 할 때가 그 즈음이다. 실적 악화로 가격이 하락했던 수출기업 중심의 대형우량주 가격이 실적 호전을 기대하면서 다시금 오르려고 하는 모습까지 보인다면 좀 더 확실한 신호다. 반대로 투자를 멈추거나 이탈해야 하는 시기는 체감경기가 좋은데 환율 하락에 대한 우려가 쏟아지려 할 때다. 수출기업 중심의 대형우량주 가격마저 하락하기 시작한다면 경기가 꺾이는 신호일 가능성이 높다.

왜 달러를 '기축통화'라고 할까?

지구상에는 237개의 국가가 있다. 대부분 자국 화폐가 있는데, 이들 국가들 모두와 계속 변하는 환율을 따져서 교역하기란 어렵다. 갑자기 내전이나 쿠데타 등이 벌어져 기존 화폐가 종이 쪼가리로 전락해버릴 위험도 있다.

그래서 고안해낸 것이 중간에 돈 가치가 쉽게 변하지도 않고 불안정해지지 않을 다른 나라의 돈을 중간에 끼워 넣는 방법이다. 예컨대 우리나라와 멕시코가 무역거래 시 원화나 페소화로 결제하지 않고, 두 나라 모두 자국 화폐를 달러로 환전한 뒤 달러를 주고받는 것처럼 말이다. 이렇게 중간에 두고 활용하는 돈을 '기축통화(key currency)'라고 한다. 미국 달러가 가장 대표적인 기축통화고, 유로화·엔화·파운드화·위안화도 활용된다.

전문가의 조언보다
훨씬 더 중요한 경기흐름

음식물 쓰레기통에서 경기흐름이 보인다?

'지금 투자를 해야 하는지, 말아야 하는지'란 물음만큼 애매한 것은 없다. 경기가 좋을 때든 좋지 않을 때든 돈이 몰리는 대상은 오르고, 돈이 빠져나가는 대상은 하락한다. 다만 경기가 좋을 땐 돈이 다수 대상에 몰리므로 투자하기가 훨씬 쉽지만, 경기가 좋지 않을 때는 소수대상에만 몰리고 투자대상도 줄어들어 투자성공의 기회가 줄어들 뿐이다. 체감지표만 잘 활용해도 경기상황을 민감하게 파악할 수 있다. 다만 체감지표가 절대적인 것은 아니므로 틈날 때마다 경제지표들을 가까이 두고 판단력을 키워야 한다.

투자여부를 가늠할 땐 현재의 경기, 유동성, 투자심리, 금리 그리고 정책의 방향성을 살펴보자. 각각의 항목에 아니다 싶으면 ×, 괜찮다 싶으면 ○를 표시해서 ○가 3개 이상이면 투자에 관심을 가져도 되고, 3개 미만이라면 당장은 관망하는 것이 좋다. 참고로 이 다섯 가지 중에서 경기를 예측하는 부분이 가장 어렵다.

다음의 상황을 보고 경기 상태를 파악해보자. 경기가 좋을 때일까, 나쁠 때일까?

- 편의점 도시락과 라면이 불티나게 팔린다.
- 리폼 강좌가 유행한다.
- 간단하게 직접 요리를 만들어 먹는 방송이 증가한다.
- 빈 택시가 늘었다.

사람들이 한 푼이라도 더 돈을 아끼려고 할 때 나타나는 현상들로 경기가 좋지 않은 상태라고 할 수 있다. 이처럼 사람들의 행태만 보고도 경기 상태를 너끈히 짐작할 수 있는데 이를 '길거리 경제지표'라고 한다. 이를 가장 많이 활용했던 전문가는 미국 연방준비제도이사회 의장이었던 앨런 그린스펀(Alan Greenspan)이다. 그는 미국 기준금리 결정 시 뉴욕 뒷골목의 음식물 쓰레기통을 들여다보거나 동네 세탁소의 손님 수를 관찰하곤 했다. 각 가정에서 버리는 음식물 쓰레기가 많아지거나 세탁소에 옷을 맡기는 손님들이 많아지면 경기가 좋아지는 신호라고 해석하는 식이었다. 한마디로 지갑이 얼마나 쉽게 열리는지를 관찰하고 판단하는 방법이다.

- **경기호황일 때**

▶백화점과 고급식당이 붐빈다. ▶자동차, 대형TV 같은 고가상품 구매가 증가한다. ▶비용이 많이 드는 레포츠가 활성화된다. ▶출생률이 증가하므로 키즈상품 신장률이 높다. ▶투자에 관심을 가지는 사람들이 넘쳐난다. ▶해외여행이 증가한다.

- **경기불황일 때**

▶구내식당이 붐비고 회식이나 모임이 1차로 끝난다. ▶노점상이 증가한다. ▶가정용 주류 판매량이 증가한다. ▶남성 정장과 남성용 속옷 매출이 감소한다. ▶고가의 대형 가전제품이나 자동차의 판매량 등이 감소한다. ▶저가제품들이 잘 팔린다. ▶보험해약자가 증가한다. ▶유기견이 증가한다. ▶셀프 인테리어 등 '셀프' 정보가 부쩍 많아진다. ▶빈 상가가 보이고, 상점의 간판이 수시로 바뀐다.

경기변화는 파도치는 것과 같다

사람의 인식에서도 관성이 작용한다. 경기가 좋을 때는 계속 좋을 것이라 기대하고, 경기가 나빠지면 불황이 오래 지속되리라 여겨 두려움에 휩싸이기 쉽다.

하지만 경기는 장기성장추세를 중심으로 과열과 침체를 반복한다. '저점 → 상승 → 정점 → 하강 → 저점'으로 이어지는 순환 사이클을 보이는데 이를 '경기순환(경기변동)'이라고 한다. 경기의 절정을 '정

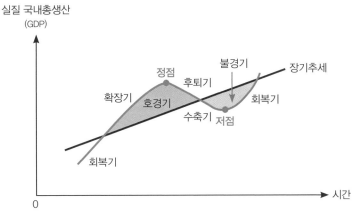

· 경기순환 사이클 ·

실질 국내총생산
(GDP)

정점
확장기
호경기
후퇴기
불경기
장기추세
수축기   저점
회복기
회복기

시간

0

자료: 한국은행

점', 바닥을 '저점'이라고 한다. 저점에서 정점 사이의 국면이 경기의
'확장기', 정점에서 저점 사이의 국면이 '수축기'다. 정점에서 다음 정
점까지, 저점에서 다음 저점까지의 기간에 대해선 '순환주기'라고 한
다. 경기변동에 따른 일반적인 자산가치 변화는 다음과 같다.

- **수축기:** 투자심리가 악화된 상태다. 이 시기에는 집값·주가 등은
  물론 금리도 하락한다.
- **회복기:** 슬슬 투자에 관심을 가져볼 만한 때다. 자산가격이 서서히
  오르면서 금리가 소폭 인상된다.
- **호황기:** 투자과열 시기다. 규제정책이 나오고 금리도 많이 오른다.
  첫 번째 규제의 영향력은 약하지만 규제가 반복해 나오면서 힘이

- 우리나라 기준순환일 및 국면 지속기간 -

	기준순환일			지속기간(개월)		
	저점	정점	저점	확장기	수축기	순환기
제1순환기	1972. 3	1974. 2	1975. 6	23	16	39
제2순환기	1975. 6	1979. 2	1980. 9	44	19	63
제3순환기	1980. 9	1984. 2	1985. 9	41	19	60
제4순환기	1985. 9	1988. 1	1989. 7	28	18	46
제5순환기	1989. 7	1992. 1	1993. 1	30	12	42
제6순환기	1993. 1	1996. 3	1998. 8	38	29	67
제7순환기	1998. 8	2000. 8	2001. 7	24	11	35
제8순환기	2001. 7	2002. 12	2005. 4	17	28	45
제9순환기	2005. 4	2008. 1	2009. 2	33	13	46
제10순환기	2009. 2	2011. 8	2013. 3	30	19	49
제11순환기	2013. 3	2017. 9	–	54	–	–
평균	–	–	–	33	18	49

자료: 통계청

점차 커지므로 2~3차례 나오면 투자 비중을 줄여나간다.

- **후퇴기:** 초기에는 호황기의 여파가 남아 있어 오판하기 쉬운 시기
  다. 자산가격 하락이 시작되었는데도 금리인상을 하는 경우도 있다.

1972년부터 현재까지의 국내 경기흐름상 지금은 11번째 순환주
기 안에 있다. 2017년 9월 경기 정점 이후 2020년 5월인 현재까지도

수축기가 이어지고 있다. 지난 49년간 확장기는 33개월, 수축기는 18개월, 순환주기는 49개월이란 평균기간을 보였다. 정리하면 대략 3~5년가량이 국내 경기의 한 순환주기였다는 의미다.

경기순환 사이클에 따른 변화를 달달 외워도 처음에는 경기상황을 판단하기가 어려워 다수의 주장이나 논리전개를 따라가게 된다. 그렇더라도 경기순환 사이클 변화에 따른 경기변화를 알고 있을 때와 모르고 있을 때의 차이는 크다. 이를 알고 있는 상태에서 관찰해야 경기변화에 따른 전문가의 코멘트나 언론의 논조 변화, 사람들의 투자심리 변화 등에 대해 알아갈 수 있다. 그 과정을 통해 새로운 주기가 도래했을 때 경기 상황을 스스로 판단할 수 있는 힘이 강해질 것이다.

📟 경기를 판단하는 공식적인 방법

경기를 판단하기 위한 주요 경제지표 몇 가지를 살펴보자.

- **산업생산지수**: 일정 기간의 산업생산활동 수준을 나타낸다. 경기 동행 지표로 경기가 활발할 때는 수치가 커지고, 경기침체 시에는 수치가 낮아진다.
- **경기종합지수**: 종합경기지표로 널리 이용된다. 가까운 장래 경기동향을 예측하는 '선행지수', 현재의 경기 상태인 '동행지수', 경기의 변동을 사후 확인하는 '후행지수'로 나뉜다. 선행지수는 6개월 후를 예측하므로 주가에 영향을 미친다. 보는 방법은 지표가 전월 대비 상승하면 경기호전으로, 하락하면 경기악화로 예상한다. 만일 반년 연속 하락할 경우에는 경기가 꺾일 가능성이 높다.
- **소비자동향조사**(CSI), **기업경기조사**(BSI): 경기에 비해 대략 두 달 정도 선행해 움직이는 특성을 보인다. 결과가 응답자의 주관과 심리적 요인에 의해 달라질 수 있어 단기판단의 근거 정도로만 활용한다.
- **경제협력개발기구**(OECD) **경기선행지수**: 6개월 후의 세계 경기 예측지표를 말한다. 우리나라는 대외수출의존도가 높아서 국내 수출경기보다 평균적으로 3~4개월 선행한다고 본다. 그리고 수출 중심의 대형우량주 주가보다 2~3개월 선행하는 경향이 있다.

이 외에도 국제통화기금(IMF), 신용평가사, 외국계 투자은행, 대기업이 운영하는 경제연구소, 국책연구소와 증권사의 리서치센터에서 경제 전망을 한다. 전년 대비 높아질 것으로 보는지, 낮아질 것으로 보는지 추세를 살펴보면서 파악한다.

경기흐름을 타는
투자를 하라

투자는 한발 빨라야 이익이 커진다

일반적으로 경기가 좋을 때는 주식과 부동산 투자가 각광을 받고, 경기가 나쁠 때는 채권·경매·정기예금 등이 선호된다. 경기가 좋을 땐 수익성에, 경기가 나쁠 땐 안정성에 중점을 두는 것이다.

그렇지만 불황기여도 투자가 완전히 멈춰지는 것이 아니다. 다만 불황기에는 조심스러운 투자가 일어나며 시장 참여자가 크게 줄어서 거래량도 줄어든다. 불황기의 주택거래는 대형보다는 소형이, 전원주택보다는 일자리도 많고 대중교통이 편리한 도심의 역세권 아파트가 선호된다. 다른 한편에선 부동산 경매시장이 활황을 맞이하기도 한다. 불황기엔 사업실패 등 여러 이유로 압류당한 물건 중 괜찮은 것들이 많이 나오는데, 그것들을 싸게 살 수 있는 기회다. 그러다 경기회복 기미가 나타나면 내 집 마련 등 주택수요 증가로 아파트부터 거래량이 증가하면서 거래가격이 오른다.

주식도 불황기엔 빠르게 이익을 내서 치고 빠지는 단기투자가 선호된다. 움직임이 무겁고 더딘 대형우량주보다는 테마주 형태로 빠르게 움직이는 중저가 중소형주들의 인기가 더 높다. 테마주란 최근 코로나바이러스감염증-19와 관련한 '마스크 관련주'처럼 특정 현상이나 호재가 발생할 때 사람들의 관심이 고조되는 것을 이용해 반짝 투자되는 종목군이다. 경기회복이 기대되면 그때부터 대형우량주들이 다시 각광을 받는다.

그리고 글로벌 경기가 좋은 모습을 보일 때는 원자재 수요가 증가해 가격이 오르므로 원자재 투자도 많아진다. 이런 특성으로 원자재 선물가격을 이용해 글로벌 경기흐름을 예측해볼 수 있다. 원자재 선물가격이 급락하면 글로벌 경기가 나빠지면서 국내에도 악영향을 미칠 것으로 예측하는 식이다.

경기가 좋을 때는 투자수익률이 높아서 예금과 채권의 인기가 떨어지지만 경기호황의 정점에서는 조금 다르다. 경기정점일 때는 고금리이므로 다가올 경기하강에 대비해 주식 등의 위험자산의 비중을 낮추어가면서 고금리의 중·장기 예금이나 채권에 돈을 넣어두기에 좋다. 그러다 불황기가 어느 정도 진행되면 낮아진 가격을 이용한 자산 매입이 서서히 시작된다. 이게 경기흐름에 따른 대략적인 자산시장의 움직임이다.

경기순환 사이클 안에서 주식시장이 부동산시장에 선행한다고도 하고, 동행 혹은 후행한다고 하는 이야기들을 접해봤을 것이다. 정책이나 다른 여러 변수 때문에 단기적으로는 움직임이 다를 수도 있으나, 큰 틀에서 보면 경기흐름과 시중의 유동성을 바탕으로 거의 비슷하게 움직인다.

그런데 지금까지 살펴본 것은 가격변화 관점에서 따져본 것이고, 실제 투자는 남들보다 한발 빠르게 움직여야 유리하다. 싸게 사서 비싸게 팔아야 이익이 극대화되기 때문이다. 예를 들어 거래비용이 높은 부동산은 경기가 좋아져서 가격이 오르기 전보다 거래가격이 많이 하락해 있을 때가 오히려 매입적기다. 내 집도 그렇고 투자용 주택 또한 경기저점일 때 싸게 사서 임대를 주거나, 비쌀 때 매도해야 이익이 커진다.

이러한 이유로 투자에 특히 조심해야 하는 때는 경기과열 상태에서다. 너도나도 투자에 열광하기에 자신도 모르게 무리를 해서라도 투자열풍을 따라가기가 쉽다. 이때 자신의 능력보다 무리하게 투자를 시도하면 이후부터는 작은 출렁임에도 견디지 못하고 무너질 수 있으므로 주의해야 한다.

그래서 투자에 필요한 것은 단지 머리만이 아니다. 자신의 판단을 믿고 추진하는 진득한 인내심이 필요한데, 그러기 위해선 경기의 한 주기에 따른 변화를 직접 경험해보는 것이 도움이 된다.

경제기사가 '미술품 투자'를 권하면 채권에 투자하라

미술품, 골동품 투자는 주로 부유층의 투자영역이다. 증여, 상속 등을 염두에 두고 세금을 회피하거나 줄이기 위해 활용되는 만큼 구매자가 한정되어 있어서 환금성이 떨어진다. 또한 온도·습도·빛 등을 섬세하게 관리해야 하는 탓에 대중적인 투자대상이 되기는 매우 어렵다.

그렇지만 경기상황과 자산시장의 질을 살펴보는 지표로 사용할 수 있다. 미술품이나 골동품의 경매가격 등이 오른다는 기사가 나오면 대개 자산상승세 끝물이다. 경기호황기 막판에 투자로 돈을 모아 자금력을 갖춘 사람들이 상속 등을 염두에 둔 미술품 투자가 많아져서 그 가격이 상승하는 것이라 판단한다.

이 외에 보석이나 명품펀드 같은 사치재에 투자하란 이야기가 나올 때도 마찬가지다. 경기가 좋아져 사람들의 수중에 여윳돈이 많아질 때 사치품 구매가 늘어나므로 이들에 투자하란 이야기가 나오는 것이다. 실제로 세계 경제 호황이 끝나기 직전이었던 2007년 전후에 중국인 화가의 그림에 투자하는 바람이 불었다. 나중에 중국인들에게 비싸게 되팔 수 있다는 논리였다. 고가의 명품 또한 잘 팔린다면서 명품펀드도 많이 추천되었다. 하지만 얼마 지나지 않아 경기호황에 따른 무분별한 대출로 인한 글로벌 금융위기로 전 세계 경기가 꺾였다.

이처럼 어디선가 미술품, 명품 등 자산가들과 관련 있는 것들에 투자하기를 권유한다면, 이를 자산상승의 한 순환주기가 끝났다고 보고 곧 다가올 경기침체에 대비해둬야 한다. 대비 요령으로는 경기 침체기에도 정해진 이자를 받거나, 매매차익을 누릴 수 있는 채권이나 채권형펀드에 투자하는 것이 일반적이다. 채권에 간접투자가 아닌 직접투자를 한다면 발행주체, 표면금리, 만기, 신용등급 등 따져 보아야 할 사항이 많다. 거래되는 상품 또한 많으므로 증권사 두세 곳을 찾아가서 상품들의 설명을 직접 듣고 비교해서 선택하는 것이 좋다.

수익률이 높은 채권은 회사채로 AAA~D등급까지 18개의 등급으로 나뉜다. AAA등급이 가장 안정성이 높으며, 통상 투자 적격등급은 BBB- 이상이다. 회사채 등급이 A+ 이상이고, 수익률이 은행정기예금의 1.5배 이상이면 괜찮은 투자대상이다. 참고로 금융투자협회에서 운영하는 '소매채권판매정보집중시스템'인 BOND MALL(bondmall.or.kr)에서 증권사들이 판매하는 채권상품 및 투자 지식과 투자 관련 정보를 한눈에 볼 수 있다.

그러면 불황기에 들어섰을 때 부자들의 투자자산인 미술품, 골동품, 보석 등의 가치는 과연 유지될까? 희소성이 강한 일부를 제외하고는 호황기의 거품이 빠지면서 그들만의 투자 열기도 꺾인다. 최근 기사에서도 코로나바이러스감염증-19로 전 세계 금융시장이 요동치자 뉴욕 등지에서 미술품 매입을 중단했다거나, 현금 확보를 위해 매각해달라는 자산가가 증가했다는 내용을 찾아볼 수 있다.

이런 개별 자산의 특성과 흐름을 알면 투자 포인트를 가늠하는 데

한결 용이해지므로 시장상황에 맞춰 투자대상을 갈아타는 전략을 구사할 수 있게 된다.

경제성장률이 낮은데, 저축만 하고 투자하지 말까?

경제성장률이 연간 3%씩 성장할 경우 자산이 2배가 되려면 대략 25년이 걸린다. 그러나 연간 1%씩 성장한다면 그 기간은 70년으로 늘어난다. 이것만 보면 경제성장률(GDP성장률) 수치가 높을 때가 투자하기에 좋은 것은 맞다. 그러면 경제성장률이 낮으면 위험을 감수해야 하는 투자는 하지 않는 것이 나을까? 그렇지는 않다. 대체적으로 경제성장률이 낮아지면 금리도 같이 떨어지기 때문에 오히려 더 적극적인 투자가 요구된다. 요컨대 경제성장률이 낮아지는 추세라면 오히려 각자의 투자능력에 따라 빈익빈 부익부가 강화될 가능성이 높아졌다는 의미다.

그런데 투자를 할 때는 경제성장률만 볼 것이 아니라 잠재성장률도 함께 살펴봐야 한다. 잠재성장률이란 물가상승을 유발하지 않는 상태에서의 최적의 성장률로 '완전고용성장률'이라고도 한다. 잠재성장률은 노동력의 증가와 생산성 향상에 좌우되는 지표다.

'경제성장률 > 잠재성장률' 상태라면 경기과열, '경제성장률 < 잠재성장률'이면 경기침체 상태를 나타낸다. 경기과열이 나타나면 자산시장 버블 우려로 경기억제책이, 경기침체라면 경기부양책이 나

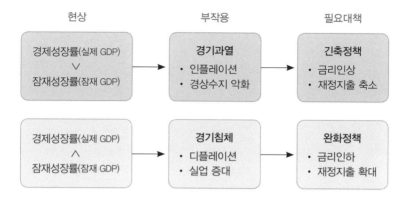

• 경제성장률과 잠재성장률의 관계 •

현상	부작용	필요대책
경제성장률(실제 GDP) ∨ 잠재성장률(잠재 GDP)	**경기과열** • 인플레이션 • 경상수지 악화	**긴축정책** • 금리인상 • 재정지출 축소
경제성장률(실제 GDP) ∧ 잠재성장률(잠재 GDP)	**경기침체** • 디플레이션 • 실업 증대	**완화정책** • 금리인하 • 재정지출 확대

올 가능성이 높다.

보통 억제책과 부양책은 부동산을 대상으로 삼는다. 정부나 지자체 주도의 대형개발을 하거나, 재건축이나 재개발 포함 지역의 대규모 개발을 억제하거나 혹은 용이하게 해주는 식이다. 잠재성장률은 2000년대 초반까지만 해도 5%대였지만, 최근엔 2.8% 정도로 추정된다. 2019년의 경제성장률은 2%였으나, 올해는 코로나바이러스감염증-19의 여파로 마이너스 성장이 예상되어 앞으로 한동안 적극적인 경기부양책들이 나올 것으로 기대된다.

PART 5

모르면 호구 되는
최소한의 투자지식

'고수익 보장'
순진하게 믿지 마라

이것만 명심해도 투자사기는 면한다

국내 사기사건은 한 해 30만여 건이다. 이는 곧 하루 평균 800여
건 정도로, 이 중에는 다단계 금융사기, 대출사기 등 투자사기도 적
잖다. 이런 사기는 바보나 당하는 것이라 여기지만 꼭 그렇지도 않
다. "이렇게 좋은 기회는 자주 오는 것이 아니다."라는 바람잡이의
말에 속절없이 당하고 마는 것이다. 사기를 당한 뒤에 범인을 잡아
도 돈을 이미 빼돌렸을 가능성이 99%여서 사기 당한 돈을 회수할
수 있는 경우는 거의 없다. 따라서 이러한 각종 사기에 넘어가지 않
기 위해선 '한 방에 인생역전'이라는 욕심과 조급한 마음부터 버려
야 한다.

투자권유 전화는 처음부터 단호하게 끊어라

요청한 적이 없는 투자 또는 대출 관련 전화나 문자를 받았다면 무시하라. 이런 권유에 많이 노출될수록 사기 피해 확률이 높아지므로 바로 수신거부를 하고 스팸번호로 등록하자. 문자메시지로 온 출처가 불분명한 인터넷 주소는 클릭하지 말고 삭제해야 한다.

돈이나 금융정보를 요구하면 사기다

대출사기가 판을 치는 세상이다. 신용평점 상향을 미끼로 있지도 않은 법원의 공탁금·보증금·예치금 등의 명목으로 돈을 요구해서 가로채는 식이다. 저금리 대출 용도의 수수료나 개인의 금융거래정보(계좌번호·비밀번호 등)를 요구하는 것도 모두 사기다. 대출모집인을 통해 대출을 받을 때는 대출모집인 포털사이트(loanconsultant. or.kr)에 등록된 모집인인지 꼭 확인해야 한다.

개인 계좌에는 돈을 보내지 않는다

금융사 직원 등을 사칭하면서 타인의 특정 계좌에 돈을 입금하라고 한다면 모두 사기다. 어느 금융사도 그런 식으로 업무를 진행하지 않는다.

사기 피해를 막으려면 금융감독원에 물어라

"돈을 맡기면 3개월 뒤 매달 14~20% 이자를 지급하겠다."라는 식의 높은 수익을 미끼로 하는 불법다단계 금융사기나 투자사기 피해가 많다. 인허가를 받지 않은 금융회사와 무자격자에 의한 투자는 문제가 생겼을 때 법적보장을 받을 수 없다. 금융거래나 투자자문은 제도권 업체를 이용하고, 금융 전문가나 상담사가 자격증을 보유했는지도 확인해야 한다.

금융소비자 정보포털인 파인(fine.fss.or.kr)과 대출모집인 포털사이트에서 대부업체를 포함한 제도권 금융회사를 조회할 수 있다. 유사수신행위에 관한 제보 및 상담도 받으므로 조금이라도 의심스러우면 확인하자. 피해 신고는 금융감독원 불법사금융 신고센터(문의 1332)나 관할 경찰서로 하면 된다.

공짜 투자설명회에는 진짜 투자정보가 없다

무료로 진행되는 투자설명회가 모두 사기는 아니지만 그 안에 진짜 투자정보는 없다. 주최 측이 자기 돈을 들여서 공짜로 알짜 정보를 알려줄 이유가 없지 않겠는가? 만약 듣게 된다면 참고 정도만 하면 된다.

아는 사람이 권유해도 무조건 믿지는 말자

모르는 사람에게 투자사기를 당하는 경우는 드물다. 요즘에는 투자설명회에 지인을 데려가면 소개비를 제공하고, 투자로 이어지면 투자금의 10~20% 정도 일정 금액을 지불하는 방식으로 사람들을 끌어들이는 사기가 많다. 아는 사람의 소개나 권유라도 쉽게 믿지 말고 꼭 확인하자.

기획부동산보다는 해당 구청에 물어라

불법 기획부동산에 의한 토지 투자사기도 빈번하다. 개발호재를 이용한 토지 투자를 원한다면 관할구청이나 군청 등에 개발계획·추진예산 등을 직접 묻는 것이 가장 정확하다.

개인정보를 잘 지킨다

개인정보가 함부로 흘러 다니지 않도록 해야 한다. e프라이버시 클린서비스(eprivacy.go.kr)를 이용해 사용하지 않는 인터넷 사이트는 탈퇴하자.

최근 금전적 문제를 겪었다면 좀 더 신중하라

본인 또는 가까운 가족이 여러 가지 이유로 금전적인 어려움을 겪었을 때, 혹은 주변 사람이 투자에 성공했을 때 더욱 주의해야 한다. 빠르게 돈을 불리고 싶은 심리상태일 때 사기꾼의 감언이설에 더 현혹되기 쉽다.

돈 되는 정보를 그냥 알려준다고?

투자조언자를 자처하는 사람들이 많다. 운이 좋아 실력 있는 조언자를 만나면 다행이지만 형편없는 조언자 또는 사기꾼과도 만날 수 있음을 명심하자. 투자세계에서는 대부분 조언자가 아닌 조언을 갈구하는 입장인데, 능숙한 투자자가 아무런 대가 없이 투자위험 없는 대박 정보를 알려줄 가능성이 얼마나 될까? 거의 없다. 정보가치를 상실한 엉터리이거나 사기 가능성부터 의심해봐야 한다.

초짜가 아니라면, 자신의 투자는 돌발변수가 나타나도 감당할 수 있을 때 결정한다. 하지만 타인을 향한 조언은 다르다. 사람마다 투자지식과 투자금의 규모와 성격 등이 모두 다르기에 같은 내용에도 다른 결과가 나타날 수 있다. 또한 모든 변수를 완벽하게 고려한 조언은 불가능하기에, 당시엔 맞는 조언이었어도 돌발적인 변수 등으로 전혀 다른 결과가 나올 위험성도 있다. 따라서 판단이나 생각을 일반적인 관점에서 표출할 수는 있으나, 콕 찍어주는 투자조언은 자신의 투자를 결정하는 것보다 열 배, 백 배 어렵다.

그런데도 쉽게 투자조언이 생산되고 마구잡이로 소비된다. 신중함 없이 엉터리 정보에 현혹되면 이익은커녕 쪽박으로 이어진다. 운이 좋아 타인의 말을 듣고 한두 번 정도 투자에 성공하고는 그런 행운이 계속 되리라고 쉽게 믿는 바람에 결국은 무너지는 경우를 무수히 봤다.

무료 정보는 나쁜 결과가 도출되었어도 최종적인 의사결정은 스스로 했다고 보기 때문에 법적으로 문제 삼기가 어렵다. 설령 가짜 정보였어도 그것을 입증하기가 어려워서 피해를 입게 되더라도 대개 속수무책이다. 이런 이유로 사기인지 아닌지조차 모호한 정보들이 많이 흘러 다닌다. 인생에는 노력 없는 일확천금은 없다고 생각하고 살면 최소한 어리석은 짓은 피할 수 있다.

투자리스크를 뺀 투자조언에는 귀를 막아라

예전에 용산국제업무지구 개발계획이 발표되자 투자권유를 받았다면서 어떻게 해야 할지 내게 물어온 사람이 있었다. 투자는 하고 싶은데 대출을 많이 받아야 해서 망설여진다는 것이었다.

대형사업일수록 작은 사안 하나를 조율하려고 해도 의견통합이 쉽지가 않다. 자금이 많이 소요되는 사업일수록 자금공급 주체, 시공하는 업체, 홍보 및 분양대행 업체 등이 연합한 컨소시엄 형태로 진행되는 것이 보편적이다. 즉 일일이 조율해야 하는 이해관계자가 많다는 뜻으로, 중간에 변수가 생길 경우 순조로운 진행이 어려울 수 있다. 따라서 실제 제시한 시간보다 사업이 지연되거나 차질이 빚어질 가능성까지 염두에 두어야 한다.

또한 투자에서는 소문난 잔치일수록 뒤따라가봐야 먹을 게 없는 경우가 흔하다. 특성상 호재를 타고 가격이 오를 땐 미래까지 반영해 빠르게 급등하기 때문이다. 알려지기 전에 투자를 해둔 상태가 아니라면, 시간이 흘러 거기서 더 오를 때까지 기다려야 한다. 그래서 부동산 투자는 어느 정도 운이 따라야 한다고 하는 것이다.

나는 그분에게 투자결과가 애초의 예상과는 달리 빗나가더라도 감당할 수 있는지를 스스로 돌아보고 결정하라고 조언했다. 사람들은 내 조언처럼 스스로 판단해야 할 거리를 남긴 대답을 싫어한다. 정보를 직접 찾아보는 것조차 귀찮아하며 'YES or NO' 식의 명료한 답변을 원한다. 변수와 리스크가 늘 존재하는 투자에서 단순 조언자가 아닌 신을 만나길 원하는 것이다. 이미 정해진 법과 관련한 것이면 모를까, 투자에 관해서는 그 누구도 미래를 온전히 알지 못하는데도 말이다.

이후 용산국제업무지구 개발은 자금조달 등의 문제에 부딪혀 2013년에 채무불이행(디폴트)에 빠져 좌초되다시피 했다. 지금도 용산 일대의 개발 기대감은 여전하다. 사업은 어떤 형태로든 재개되겠지만 단시간에 이루어지긴 어려워 보인다. 뛰어난 전문가의 의견이더라도 이는 참고사항일 뿐 최종 투자결정과 투자 판단은 자신의 몫이다. 자신의 판단이 들어가야 할 자리마저 타인에게 내줄 것이라면 저축이나 하는 것이 백번 낫다. 그러면 적어도 투자실패로 소중한 돈을 잃지는 않을 수 있다.

적금금리는
반만 믿어라

적금의 금리 공식을 알아보자

적금계좌를 개설해달라는 부탁을 받은 적이 있었다. 나는 직접투자
자여서 간접투자도 선호하지 않는데 하물며 적금이라니! 대출을 받
거나 급여통장 등 관리를 위한 계좌를 제외하고는 돈을 불리는 측면
에서 은행을 이용하지 않은 지 오래다. 투자되지 않은 돈은 일단 주
식매매계좌에 넣어둔다. 그러면 주식매도 대금 포함 현금 잔고가 자
동적으로 CMA RP계좌로 넘어가도록 했다. 그러면 저절로 RP에 투
자되어서 기준금리 수준 정도의 이자를 받는다. 그러다 주식매매계
좌에서 주식매수가 체결되면 RP가 자동매도 된다.

적금 납입액수는 상관없다고 해서 월 1만 원, 1년 계약의 계좌를

개설했다. 이때 실수로 자동이체를 신청하지 않았고, 결국 그 계좌에는 만기 때까지 달랑 1만 원만 들어 있었다. 의도치 않게 연 1.5% 금리의 1만 원을 넣어둔 예금계좌를 보유했던 것이다. 여기서 연 1.5%를 '이자율' 또는 '금리'라고 한다.

금리에는 여러 종류가 있다. 기준금리(정책금리)는 한 국가 안에서 모든 돈 거래를 할 때 기준이 되는 금리로 중앙은행이 결정한다. 우리나라는 한국은행이 결정하며 돈의 양을 조절하기 위한 수단으로 활용한다. 경기가 나쁘면 금리를 떨어뜨려 시중에 돌아다니는 돈(유동성)을 늘리고, 경기가 좋으면 금리를 올려 시중의 돈을 줄이는 방법으로 경기의 침체와 과열을 제어한다.

시장금리는 기준금리에 연동해 실제로 금융시장에서 적용되는 금리로 우리가 금융기관에서 적용받는 금리다. 국고채금리, 양도성예금증서(CD)금리, 1일짜리 초단기금리인 콜금리 등으로 나뉜다. 금리는 수시로 변하면서 시중의 자금사정을 가장 잘 반영하므로 '실세금리'라고도 한다. 보통 3년 만기 국고채금리가 대표적인 실세금리의 기준으로 작용한다. 국고채는 기획재정부에서 예산조달 목적으로 발행해 유통하는 채권이다.

개설했던 적금통장에 다달이 돈을 불입하지 않고 내버려두었던 이유는 적금의 금리가 너무 낮아서였다. 연 1.5%짜리 적금에 매월 1만 원씩 1년간 불입하면 1년 뒤 총 원금 12만 원인데 여기에 붙는 총이자는 얼마나 될까?

흔히 '12만 원×1.5%=1,800원'일 것이라 생각한다. 1,800원을 받는다고 해도 형편없는 금액이라 웃느라 배를 잡고 구를 판인데 실제 이자는 975원에 불과하다. 이자율로 환산하면 대략 0.81%다. 그나마도 이자소득세로 150원을 내야 해서 실제 수령하게 될 이자는 825원이다. 왜 이렇게 되는 것일까?

금융기관에서 제시하는 모든 금리는 단서가 따로 붙어 있지 않는 한 '연이자'다. 쉽게 말해 적금을 통해 첫 달에 넣은 1만 원은 12개월 치 이자를 다 받지만, 그다음 달에 새로 불입한 1만 원은 만기시점까지 11개월 치의 이자만 받는다. 늦게 납입하는 돈일수록 적립기간이 줄어들므로 이자 역시 줄어드는 것이다.

적금으로 이자를 얼마나 받게 될지 따져보는 약식 계산법이 있다. '금리×0.54'를 원금에 곱해보면 된다. 이 공식은 이자소득세 15.4%가 반영되지 않은 것으로 '금리×0.54×0.846(1 - 0.154)'으로 계산해보면 손에 얼마의 이자를 쥘 수 있는지 대략 알 수 있다. 정확하게 따져보고 싶다면 인터넷에서 '이자계산기'로 계산하면 간단하다.

지금처럼 초저금리 시대에서는 돈을 다른 데 사용하지 못하도록 잠시 묶어놓는 용도면 모를까, 적금을 이자수익용으로 활용한다는 것은 어불성설에 가깝다.

이자와 물가의 공통점은 '복리'다

이자를 따질 때는 단리와 복리, 이렇게 두 가지 계산법이 있다.

- **단리:** 원금에만 이자를 매기는 방식
- **복리:** 원금에도 이자를 주고 이자에도 이자를 주는 방식

원금 100만 원을 2년간 연 5% 이자율로 맡긴다고 해보자. 단리를 적용하면 이자가 첫해에도 5만 원, 그다음 해에도 5만 원으로 계속 같다. 그러나 이자에도 이자가 붙는 연(年)복리를 적용하면 첫해 이자는 5만 원이지만, 그다음 해에는 첫해 받았던 이자에도 이자가 붙어 5만 2,500원이 된다. 이처럼 복리는 시간의 흐름에 따라 수익이 점점 커지므로 단리에 비해 유리하다. 물론 단리상품이라고 해도 만기가 되는 날 바로 찾아서 '원금+이자'로 불어난 돈을 재예치하면 연복리효과를 발생시킬 수는 있다.

그런데 복리개념은 이자에만 적용이 되는 것일까? 1천 원짜리 과자가격을 10% 인상한 후, 얼마 뒤 다시 10%를 더 인상했다고 해보자. 1천 원에서 10%를 올리면 1,100원이다. 거기서 다시 10%를 올리면 1,210원이 된다. 국내 주식펀드에 100만 원을 투자한 지 2년이된 사람이 있다고 해보자. 수익률이 첫해에 6%이고 다음 해에 5%라면 2년간 총수익은 얼마일까? 첫해에는 6% 수익을 얻었으므로 106만 원이 되고, 그다음 해에는 106만 원에서 다시 5%의 수익을 얻은 것이므로 총 111만 3천 원이 된다.

이처럼 모든 투자수익률이나 물가상승률, 급여인상률 등은 굳이 복리라고 설명하지는 않지만 모두 복리개념이 적용된다.

물가상승률보다 높아야 진짜 이익이다

노후대비용으로 매달 적금을 부으면 얼마를 모을 수 있을까? 개인
차가 있겠지만 2016년 말 기준 소득 3분위(소득 상위 40~60%) 가구
의 가계 흑자액은 84만 원이다. 이 돈을 기준으로 연 2.5% 적금에
가입해 모으고, 해마다 가계 흑자액이 5만 원씩 증가한다고 해보자.
30년간 모으면 6억 6,403만 원이 되는데, 과연 30년 후에도 돈에 대
한 가치가 지금과 동일할까?

30년 동안의 물가상승률 평균치가 2%라면 30년 후의 돈의 가치
는 44.8%가 하락한 3억 6천만 원 정도로 체감하게 될 것이다. 적은
액수는 아니지만 30년간 열심히 모은 돈이라고 한다면 많은 액수라

• 물가상승률에 따른 100만 원의 가치 변화 •

(단위: 만 원)

물가상승률	1%	2%	3%	5%
1년 후	99.0	98.0	97.1	95.2
5년 후	95.1	90.6	86.3	78.4
10년 후	90.5	82.0	74.4	61.4
15년 후	86.1	74.3	64.2	48.1
20년 후	82.0	67.3	55.4	37.7
25년 후	78.0	61.0	47.8	29.5
30년 후	74.2	55.2	41.2	23.1

고 하기에도 뭔가 애매하다.

돈을 모을 때 수익률을 극대화하기 위한 네 가지 요건이 있다. 금리(또는 수익률)가 높고, 기간이 길고, 수익이 많이 생길 수 있게 원금이 크며, 중간에 손실이 나지 않아야 한다. 여기에다 예적금을 대입해서 따져보자. 지금 같은 초저금리 시대에는 물가상승률까지 감안해보면 이익을 얻지 못할 가능성이 높다. 금리가 낮을수록 저축이 아닌 투자를 해야 한다.

네 가지의 조건 중 개인의 입장에서 맞추기 가장 쉬운 것은 가급적 투자를 일찍 시작해 투자기간을 늘려주는 것이다. 원금을 늘려주기 위해 돈을 중간에 인출해 사용하지 말고 계속 재투자하며, 돈이 생길 때마다 추가로 더 집어넣는다. 중간에 손실을 입지 않아야 하므로 잘 아는 대상에 투자하면 좋으니 꾸준히 투자와 투자대상에 대한 공부를 해야 한다.

본전치기는 하고 있나?
예적금의 슬픈 현실

예적금만 아는 나, 본전치기는 하고 있나?

다음의 항목을 보면서 솔직하게 답해보자.

- 세전 이자와 세후 이자의 차이를 안다.
- 물가상승률이 예적금 수익률을 까먹는다는 사실을 안다.
- 적금과 적립식펀드의 수익률 차이에 대해 안다.
- 적금의 실질수익률 계산법을 안다.
- 이자소득세율이 몇 %인지 안다.

제시 항목을 다 알고 있다면 이미 금융지식이 상당한 사람이다.

비과세상품을 제외하고 모든 금융소득에는 세금이 붙는다. 별도 규정이 없는 한 일반과세는 15.4%, 세금우대 대상은 9.5%다.

세후수익률이란 이자소득에 대한 세금을 내고 난 후의 실질수익률을 말한다. 금리가 연 1.5%인 예금을 기준으로 세후수익률을 계산해보자. 세후수익률 계산 공식은 다음과 같다.

- **일반과세 금융상품의 세후수익률:** 금리×0.846(1 - 0.154)
- **세금우대 금융상품의 세후수익률:** 금리×0.905(1 - 0.095)

편의상 일반과세를 기준으로 설명하자면, 연 1.5% 예금의 세후수익률은 제시된 공식에 따라 계산하면 '1.5%×0.846=1.269%'다. 즉 1.5%짜리 예금의 실질수익률은 대략 1.27% 수준이다.

이게 이익인지 아닌지를 따져보려면 물가상승률을 대입해봐야 한다. 모든 금융 및 투자상품은 세금을 제한 뒤, 물가상승률보다 높은 수익이 나와야만 진짜 이익이 난 것이다. 2019년엔 디플레이션(물가 하락-경기침체) 우려가 나올 정도의 소비침체가 나타나 소비자물가상승률이 1965년 이후 역대 최저치인 연 0.4%에 불과했다. 2019년 정기예금 금리는 대략 1.2~2.0% 정도였으니 예금으로 대략 연 1%대 수준의 이익이 난 셈이다.

결과적으로 초저금리 시대에서 예적금은 '이상한 나라의 앨리스'와 유사하다. 돈을 묶어두는 강제성 측면에서는 효과가 있지만, 돈을 불려야 하는 요즘에는 은행원들조차도 자기 돈을 관리할 때 예적금을 선호하지 않는다. 기회비용 측면에서 좋은 선택이 아니기 때문이다.

이렇게 초저금리가 계속되고 경기침체가 이어지자 "저축해도 별 볼 일 없다면 아둥바둥하기보다 차라리 지금 누릴 수 있는 현실의 행복을 누리는 게 낫지 않나요?"라고 반문하는 사람들도 많다. 그런 사람들에게 이렇게 묻고 싶다. "저축만이 돈을 지키고 불리는 유일한 방법이라고 생각하나요?"

독일의 시인 베르톨트 브레히트(Bertolt Brecht)가 쓴 〈살아남은 자의 슬픔〉이라는 시에는 "강한 자가 살아남는 게 아니라, 살아남는 자가 강한 자다."라는 유명한 구절이 있다. 시대가 변하면 마인드도 따라 변해야만 살아남을 수 있다. 은행 관계자들에겐 미안하지만 지금 같은 상황에서 수익을 얻고 싶다면 하루라도 빨리 예적금을 버려라. 계속 강조하지만 예적금은 그저 당신의 돈을 묶어두는 용도에 불과하다.

펀드와 적금의 수익률은 같을까?

연 4%의 적금과 3% 수익률을 낸 적립식펀드 중 어느 것이 더 이익일까? 얼핏 보면 적금인 것 같으나 정답은 3% 수익률을 낸 적립식펀드가 더 이익이다. 적금과 적립식펀드의 이익 계산법이 다르기 때문이다.

적금의 실제 수익은 '4%×0.54= 2.16%'다. 펀드는 적금과는 다른 실적변동형상품이다. 처음부터 얼마의 수익을 주겠다는 약속 자체를 할 수 없다. 오로지 기간이 경과한 후 결과로 나타난 수익률로만 환산한다. 그러므로 실질수익률이 2.16%인 연 4%의 적금보다 3%의 적립식펀드가 실질적으로 더 많은 수익을 내는 것이다.

돈을 모으려 할 때는 돈을 모을 때 걸리는 시간과 예상액수, 그리고 수익률의 관계를 대략이라도 따져볼 수 있어야 한다. 그럴 때 '72법칙'을 활용하면 쉽게 계산할 수 있다. '72'라는 숫자만 기억하고 있으면 되는데, 이는 복리 개념의 계산 공식이다.

- **원금의 2배가 되는 기간 공식:** 투자기간＝72÷금리(수익률)
- **원금의 2배가 되기 위한 수익률 공식:** 금리(수익률)＝72÷투자기간

복리가 적용되는 연 5%짜리 예금에 100만 원을 넣어두었는데 이 돈이 200만 원이 되려면 시간이 얼마나 걸릴까? '72÷5=14.4'이므로 14.4년이 걸린다. 만일 6년 후에 결혼계획이 있고, 6년 동안 지금 가진 돈을 2배로 만들어야 한다면 해마다 얼마만큼의 수익률을 올려야 할까? '72÷6=12'이므로 매년 12%의 수익을 꾸준히 올릴 수 있는 대상을 찾아서 투자해야 한다. 현재 상황에서 연 12%의 수익을 올리려면 직접투자를 하거나, 간접투자라면 해외투자상품들을 찾아야 한다. 물론 투자를 한다고 해서 100% 수익을 달성할 것이란 보장은 없다. 그래서 요즘 같은 때는 72법칙을 상식 차원에서만 알

아두려는 경향이 있다.

내가 72법칙을 통해 궁극적으로 말하고자 하는 핵심은 돈을 모으려는 기간을 단축하려면 수익률이 높아야 하며, 저축보다는 투자를 하는 것이, 일찍 시작해서 기간을 늘려주는 게 유리하다는 것이다. 그리고 투자자금을 빼내지 말고 계속 재투자를 해서 투자원금을 계속 불려나가야 한다는 점이다. 중간에 손실을 입지 않으려면 잘 아는 대상일 때 투자하는 것이 유리하고, 결론적으로 꾸준히 공부를 해야만 한다. 그게 내 노동의 대가를 극대화하는 방법이다.

 펀드에는 세금이 얼마나 부과될까?

펀드 투자 수익에는 15.4%의 세금이 붙는다. 펀드 내의 국내 주식매매 차익은 비과세이고 이자나 배당소득, 채권매매 차익 등에만 세금을 부과한다. 따라서 예금보다 세금이 적게 부과되는 상품들이 많다.

금리가 낮을 때는
연말정산에 더 신경 써라

연말정산, 귀찮은데 안 해도 될까?

직장인은 왜 까다롭고 귀찮은 연말정산을 해마다 하는 것일까? 다달이 받은 급여는 소득세와 소득세의 10%인 지방소득세를 미리 떼고서 받은 돈이기 때문이다. 정부에서는 매년 연말정산을 통해 원천징수한 세금의 합계액을 기준으로 더 받은 것이 있다면 내주고, 덜 받았다면 소득세를 마저 징수한다. 따라서 연말정산이 귀찮다고 제대로 하지 않으면 대부분은 손해를 보게 된다. 소득세법에 따라 기본공제와 표준세액공제만 적용되므로 응당 받아야 할 신용카드공제 등의 항목을 다 놓쳐서 세금절감의 기회가 사라지는 것이다.

연말정산 때 공제신청을 놓치고 못 한 부분을 다시 처리받고 싶다면 5년 내에 아무 때나 국세청의 경정청구 절차를 통해 돌려받을 수 있다. 그러나 세금을 줄일 목적으로 불성실 신고를 하면 무신고 가산세 20%가 붙는다.

비과세 vs. 소득공제 vs. 세액공제

비과세, 소득공제, 세액공제의 차이가 뭘까? 먼저 비과세는 이자배당소득세를 면제해주는 것인데, 비과세 금융상품이 그리 많지는 않다. 고령자나 장애인 등 취약계층이 가입할 수 있는 비과세종합저축(2020년 말 판매종료)과 가입기간이 10년 이상인 저축성보험, ISA 정도가 현재 가입 가능한 비과세상품이다.

비과세를 헷갈려하는 경우는 거의 없지만 소득공제와 세액공제를 자주 혼동한다. 소득세를 계산할 때 소득공제는 연 소득에서 특정 금액을 먼저 빼주는 것이고, 세액공제는 먼저 내야 할 산출세액에서 특정 금액을 빼주는 방식이다. 즉 소득에서 빼주느냐, 결정된 세금에서 빼주느냐의 차이다.

A의 연봉이 4,700만 원이라고 해보자. 소득공제액이 400만 원이라면 소득세는 4,700만 원에 대해 계산하는 것이 아니라 4,300만 원(4,700만 원-400만 원)에 대해 계산한다. 그 결과 원래는 과세표준 기준에 따라 24%의 소득세율 적용 대상자였는데 15% 적용 대상자로 바뀐다.

동일한 조건에서 400만 원에 대한 세액공제를 받는다면 일단 A
는 연봉 4,700만 원에 해당하는 24%의 소득세를 일단 내야 한다. 여
기서 400만 원에 대한 세액공제율이 16.5%라면 66만 원(400만 원×
16.5%)의 세금을 돌려받는다.

현재 소득공제 대상은 인적공제·주택청약종합저축·신용카드·소
장펀드·국민연금 등이며, 세액공제 항목은 자녀공제·연금저축·보
장성보험·의료비·기부금·교육비 등이다.

> **과세표준 기준**
> ....
>
> ▶1,200만 원 이하 6% ▶1,200만 원 초과~4,600만 원 이하 15% ▶4,600만
> 원 초과~8,800만 원 이하 24% ▶8,800만 원 초과~1억 5천만 원 이하
> 35% ▶1억 5천만 원 초과~3억 원 이하 38% ▶3억 원 초과~5억 원 이하
> 40% ▶5억 원 초과 42%다. 여기에 주민세 10%를 가산해 부과한다.

만기시점을 몰아두지 마라

은행에서 예금이나 적금 등을 가입한 경우에는 15.4%의 이자소득
세를 내야 한다. 연간 이자와 배당소득을 합한 금융소득이 2천만 원
이하는 원천징수로 세금이 종결되고 추가적인 신고나 납부할 세액
이 없다. 하지만 이자소득과 배당소득이 연 2천만 원이 넘는 경우에

는 금융소득종합과세자로 분류된다. 그리되면 근로소득, 임대소득, 사업소득 등의 다른 소득과 합쳐서 높은 세율(지방세 포함 6.6~46.4%)을 적용받게 된다.

간혹 부주의로 1년짜리 금융소득종합과세 대상자가 되는 경우도 있다. 금융소득은 1년 단위로 과세되는데 결혼자금 등을 목표로 보유한 금융상품의 만기를 일시에 몰아놓는 경우에 간혹 그런 일이 생긴다. 만일 그럴 가능성이 있다면 투자한 금융상품의 만기가 일시에 몰리지 않도록 분산해둬야 한다.

홈택스(hometax.go.kr)에서 금융소득을 조회하거나 세무서를 방문해 자신의 금융소득을 확인할 수 있다.

금융상품별 세금의 종류

보유한 금융상품에서 이익이 발생했다면 세금이 부과되며 상품별 세금은 다음과 같다.

예금상품

적금과 예금상품의 이자에 대해선 이자소득세 15.4%(지방소득세 포함)를 부과받는다.

비과세상품으로는 비과세종합저축, 청년우대형 주택청약종합저축, 조합 등 출자금(예탁금), 장병내일준비적금이 있다. 소득공제·세액공제 상품으로는 주택청약종합저축, 개인형 퇴직연금(IRP), 연금저축 등이 있다. 외화예금의 이자소득은 과세하지만 환차익은 세금이 없다.

보험상품

저축성보험의 보험차익은 이자소득으로 예금상품과 동일한 이자소득세 납부 대상이다. 하지만 비과세상품으로 만기 10년 이상의 장기저축성보험이 있고, 소득공제·세액공제 상품으로 보장성보험, 연금저축보험, 소기업·소상공인공제(노란우산공제)가 있다. 사고에 의한 보험금은 비과세지만 사망으로 상속인이 수령할 경우 상속세가 과세될 수 있다.

주식

국내의 상장주식 매매 시 소액의 개인투자자는 양도소득세를 내지 않지만, 대주주는 10~30%(지방소득세 별도)의 세율을 적용받는다. 그러나 주식에서 배당금이 발생하면 소액주주도 배당소득세 15.4%(지방소득세 포함)를 내야 한다. 다만 우리사주조합원이 보유한 자사주가 액면가액의 합계액이 1,800만 원 이하일 땐 배당소득은 비과세되고 우리사주 취득자금은 400만 원 한도로 소득공제가 된다.

상장법인의 대주주 요건은 해당 기업의 지분을 코스피(유가증권시장)는 1% 이상, 코스닥은 2% 이상, 코넥스는 4% 이상을 보유했거나 금액기준으로 한 종목에서 10억 원 이상을 투자했을 경우다. 이는

2021년부터 각각 1%, 4%, 4%로 변경되며 금액기준은 3억 원으로 조정될 예정이다.

채권

예금상품과 동일한 적용을 받지만, 채권의 금리수익이 아닌 매매 가격 상승으로 인한 매매차익은 비과세다.

펀드 및 신탁상품

펀드에서 발생한 이익은 기본적으로 배당소득세 대상이다. 하지만 국내 주식형펀드 내 상장주식의 매매차익은 소액주주와 대주주 모두 비과세다. 비과세·분리과세 혼합상품으로는 개인종합자산관리계좌(ISA)가 있다. 주가지수연동예금(ELD)은 이자소득세 대상이고, 주가지수연계증권(ELS)은 배당소득세 대상이다. 주가지수연계펀드(ELF)는 배당소득으로 과세하며 상장주식의 매매차익에 대해서는 과세하지 않는다. 복잡한 것 같지만 배당소득세나 이자소득세 모두 세율이 15.4%(지방소득세 포함)다.

상장지수펀드(ETF) 가운데 국내 주식형 ETF에서 발생한 매매차익은 비과세이지만 그 밖에 ETF(해외 주식형 ETF, 채권형 ETF, 실물투자 ETF 등)는 배당소득으로 과세한다. 선물, 옵션 등 파생상품의 양도차익에 대해서는 양도소득세(11%, 지방소득세 포함)가 과세된다.

위험은 줄이고
수익은 늘리는 방법

결국은 자기 판단, 알아야 위험이 줄어든다

투자의 필요성을 절실히 깨달았을 때 정작 나를 제대로 도와줄 사람은 아무도 없었다. 직접 부딪쳐보면서 하나씩 익혀가야 했고, 이는 지금도 마찬가지다. 정보의 양이나 투자대상 그리고 투자의 방법도 다양해졌다지만, 갓 시작하는 단계에서는 이런 다양함 때문에 오히려 더 난감할 따름이다. 물건이 많아지면 선택이 더 어려워지듯 투자 방법이 다양해도 할 줄 모르면 아무런 소용이 없을 것이다.

"깊이 알지는 못해도 다양한 분야의 핵심 포인트를 알면 큰 도움이 된다. 현실은 한두 가지 전문지식만으로 해결하기에는 너무 복잡하다. 돈을 많이 벌려면 그만큼 시야를 넓혀야 한다."

워런 버핏과 함께 미국의 지주회사 버크셔 해서웨이(Berkshire Hathaway)를 이끄는 부회장 찰리 멍거(Charlie Munger)의 말이다.

투자위험은 미래를 몰라서 발생하지만 투자대상을 잘 모르기 때문에 발생하기도 한다. 아는 만큼 보이고, 이해하는 만큼 위험을 피해나갈 수 있는 것이기에 투자이익은 축적된 지식자본의 산물이다.

부산에 위치한 모텔을 매입한 뒤 비즈니스호텔로 개조해 일본인에게 파는 사업에 공동투자하자는 제안을 받은 적이 있다. 그 당시에는 내가 나를 믿지 못했기 때문에 그 자리에서 바로 거절했었다. 소액 투자였다면 배워간다는 마음으로 시도했겠지만, 실패하면 타격이 큰 것이었다. 건물 매입까지는 알겠는데 문제는 그 이후였다. 설계·시공은 물론이고 어떻게 일본인 바이어를 섭외해 거래하는지에 대해 전혀 몰랐다. 모른다는 것은 돌발변수가 발생하면 어떻게 대응해야 할지 모른다는 말과도 같다. 그럴 사람은 없었지만 만일 누군가가 중간에서 작정하고 속인다 해도 제대로 알 수 없었을 것이다. 이렇게 되면 투자가 아닌 운에 기댄 투기를 하는 것에 불과하다.

만일 주식 투자라면 투자를 처음 익힐 때는 어떤 결과가 나오더라도 감당할 수 있는 적은 액수로 시작해야 한다. 투자를 반복하는 과정 중에 경험이 쌓이고, 점차 그 대상을 움직이는 본질의 힘에 대한 이해도가 높아질 때 비로소 투자위험이 낮아지는 것이다.

하지만 부동산 투자는 소액으로 반복 투자하는 것이 어렵다. 금액적으로도 그렇고, 내 집을 수시로 사고파는 것이 아니어서 대부분 불가능하다. 따라서 처음부터 시기와 입지를 잘 가늠해 결정하는 것이 가장 중요하다. 시기적으로는 부동산 활황기가 아닌 침체기가 싸게 살 수 있는 때다. 입지를 잘 가늠한다는 것은 부동산 격언 중 하나인 "부동산은 미인대회와도 같다."라는 말로 대체할 수 있다. 미인대회에서 우승하려면 내 눈에만 예뻐 보이는 것이 아니라 다른 사람들의 눈에도 그렇게 보여야 한다. 확실한 개발호재가 있거나, 다른 사람들 눈에도 좋아 보여 수요가 높은 지역과 대상을 압축해서 잘 선택해야 한다.

가난할수록 투자에 용기를 내자

부자와 가난한 사람이 동일한 대상에 동일한 액수로 투자했다면 감수해야 할 위험도 동일할까? 그렇지 않다.

"내 차 기사들에게 내 땅 옆에 소액으로 살 수 있는 자투리땅을 소개해주곤 했었어. 그런데 2배가 오르는 동안 조금 출렁이기만 해도 하락할까 봐 겁을 내면서 얼른 팔아버리는 거야. 기다리면 10배도 오를 수 있었는데 말이지."

토지 투자로 2,500억 원이란 자산을 일궜던 S가 생전에 내게 들려주었던 이야기다. 그때는 인내심 부족으로 더 큰 이익을 놓치는 사람이 많다는 정도로만 이해했었다. 그런데 지금은 그게 당연한 일이라는 생각이 든다. 부자의 1천만 원과 가난한 사람의 1천만 원은 가치가 전혀 다르다. 가진 돈이 많지 않을수록 부자처럼 오랫동안, 다양한 대상에 분산해 투자하기가 어렵다. 이 때문에 하나의 대상에 올인 투자를 하는 경향이 훨씬 크다. 그러니 투자가 예상에서 빗나가면 당연히 타격이 더 클 수밖에 없다. 적당한 이익을 보면 바로 빠져나오려는 심리도 당연히 더 강하다.

또한 투자경험의 차이로 인해 동일한 현상을 두고도 전혀 다른 각도에서 바라볼 수도 있다. 집값 폭락론이 정점에 달했던 2011년에서 2012년 즈음에 싼 가격으로 집을 산 사람들은 무주택자가 아닌 투자경험이 많은 다주택자들이었다. "매매가격과 전세가격 차가 좁혀져서 집 사기가 더 좋아졌어. 전세가격이 올라서 생긴 돈을 은행에 넣어봐야 이자는 몇 푼 되지도 않는데…."라고 이야기하는 사람들이 많았다. 하지만 당시 언론에서는 지겨울 정도로 '하우스푸어' 타령을 해댔다. 지금은 어떻게 되었을까?

그때의 매매가격이 지금의 전세가격 수준인 곳이 수두룩하다. 투자도 모두에게 공평하지만은 않아서 세상의 변화 속도가 빠르면 빠를수록 가난한 사람에게만 불리하게 작용한다. 이것이 돈이 없을수록 더 많이 공부하고 노력해야 하는 현실적인 이유다.

물론 무조건 돈이 많다고 해서 투자위험이 사라지는 것은 절대 아니다. 하지만 부자는 자신이 모르는 분야에 유능한 전문가를 고용할 수도 있고, 투자 가능한 대상도 많아서 분산 투자가 용이하기에 가난한 사람들보다 좀 더 유리할 뿐이다.

투자를 갓 시작할 땐 "안전하고 수익률이 높은 것을 추천해주세요."라고 말하는 경우가 흔하다. 하지만 원금을 잃지 않아야 하며(안정성), 수익성도 높고, 필요할 때 빠르게 현금화할 수 있는(환금성·유동성) 이 모든 것을 갖춘 투자대상은 없다. 예금은 안정성은 뛰어나지만 수익성이 낮고, 주식은 수익성은 뛰어나지만 안정성이 떨어진다. 부동산은 안정성이 높은 반면 매도가 쉽지 않아 환금성이 약하다. 금은 평화로울 때보다 세상이 시끄러울 때 달러의 대체재로서 가격이 오르는 경향이 있어서 수익성을 장담하기가 어렵다. 이렇게 각각의 자산들에는 장단점이 모두 있다.

투자수익을 높이려면 위험을 감수해야 하고, 위험을 낮추려면 수익이 감소한다. 그래서 투자에는 '고위험 고수익, 저위험 저수익(High Risk & High Return, Low Risk & Low Return)'의 법칙이 적용된다. 앞날에 대해 잘 모를수록 각기 다른 성격의 자산에 골고루 분산해두는 방법으로 손실에 대한 위험을 줄여야 한다.

자산배분, 나이를 따져라

투자에도 공식이 있다. '투자원금×수익률×투자기간=투자수익'이다. 수익을 높이려면 공식 중에서 어느 하나라도 수치를 높여주면 된다. 매우 간단하지 않은가? 앞에서부터 말해왔듯 가장 다루기 쉬운 변수는 '시간'이다. 하루라도 빨리 시작하고, 오래 끌어가야 한다.

투자자산은 크게 '위험자산'과 '무위험자산(안전자산)'으로 나뉜다. 젊었을 때 투자를 시작하면 자칫 실패해도 복구할 기회가 많으므로

연령대	안전자산	위험자산
20~30대	30%	70%
40대	40%	60%
50대	60%	40%
60대	80%	20%

위험자산인 주식 같은 공격적인 투자를 해보는 것도 괜찮다. 그리고 나이가 들수록 원금을 잃지 않도록 무위험자산(예금·채권 등)의 비율을 높여가는 것이 투자의 기본 요령이다.

일반적으로 제시되는 안전자산과 위험자산의 연령별 배분 비중을 정리하면 위의 표와 같다.

자산배분 방법에는 100에서 자기 나이를 빼서 계산하는 방법도 있다. '100-자기나이=위험자산 투자비율'이다. 예를 들어 35세인 경우 '100-35=65'이므로 투자가 가능한 돈의 65%를 위험자산으로 분류되는 주식이나 펀드 등에 투자하고, 나머지 35%는 적금이나 국채 등 안정적인 자산에 투자하는 방식이다.

그러나 이런 예시는 참고사항일 뿐이다. 1930년생인 워런 버핏이 나이가 많다고 예금에만 투자하는 것은 아니다. 나이와 상관없이 준비되지 않은 투자는 언제나 무모하며, 투자에 능숙해질수록 투자위험에 대한 제어능력이 커진다. 시간이 지나고 경험치가 올라갈수록 위험을 점점 더 많이 수용하는 쪽으로 변화해나가는 것이 일반적이다. 경험이 수익률을 높여주는 기반이 된다. 앞의 공식들은 참고하되 개인의 상황과 성향에 따라 조정하자.

상승기 막판에 휩쓸리지 마라

자산시장의 움직임은 패턴이 매번 비슷하다. 추세가 확실해 보이지 않는 초기에는 배짱이 있고 노련한 소수만 참여하지만 추세가 분명해질수록 너도 나도 올라타서는 풍운의 꿈을 안고 폭주기관차처럼 내달린다. 언론이 투자 내용으로 뒤덮이고, 몇 사람만 모여도 투자와 돈 이야기를 하고 있거나, 아파트 모델하우스에 사람들이 구름처럼 몰려들면 자산상승기 말의 징후이므로 상투일 가능성이 높다. 예전에는 애를 업은 엄마가 증권사 객장에 나타나거나, 대학교수나 기자가 집을 사면 자산상승세의 한 주기가 끝났다고 했다. 최근 비트코인 투자 열풍에서도 나타나듯 대학생들마저 소액의 투자금을 이용해 투자시장에 기웃거린다면 상승세의 끝물이라고 보면 된다.

투자라는 것은 자신보다 더 비싸게 사줄 사람이 있을 때 이익이 나는 것이다. 뛰어들 사람은 다 뛰어들었다면, 더 높은 가격으로 받아줄 사람이 없어지면서 결국 자산시장이 급격히 무너진다. 처음엔 거북이같이 더디게 상승하고, 이리저리 몰려다니는 양 떼로 변했다가, 놀란 토끼처럼 하락하는 것이다.

2007년 10월 말에 출시된 미래에셋의 인사이트펀드가 있었다. 보름 만에 설정액 4조 원을 기록하며 단일 펀드로는 최단 기간에 가장 많은 자금을 끌어모았는데 내가 보기엔 충격적이었다. 투자대상을 정하지 않고 그저 이익이 날 만한 대상에 투자하겠다는 상태로 출시되었다. 그런데도 밀려드는 돈에 오히려 출시한 금융사가 놀라 조기 판매중단을 하는 사태까지 벌어졌다. 그렇게 모인 자금은 중국 주식시장에 주로 투자되었다. 그런데 이후 닥친 글로벌 금융위기로 마이너스 60%라는 큰 손실을 기록하는 치욕스러운 상황까지 몰렸다.

나는 당시에 그 상황이 도무지 이해되지 않았다. 투자대상을 모르므로 투자위험을 전혀 가늠할 수 없는데 투자자금이 몰리는 현상은 정상적이지 않다고 판단했다. 도통 이해가 되지 않는 그러한 현상을 상승의 말기 신호로 보고 당시 주식에 투자하던 돈을 거의 다 회수했다. 이해가 잘 안 되거나 이상한 것이 있을 때는 남들이 어떻게 하건 개의치 않고 투자를 멈추는 것이 상책이다.

대세상승기를 놓친 것과 대세하락기를 간과한 것 중 어느 것의 타격이 더 클까? 케이스마다 다르겠지만 일반적으로 후자다. 투자 기회는 계속 오므로 이번 기회를 놓치면 다음번에 올라타면 되지만 손해를 보면 돈이 없어서 다음의 투자 기회가 없을 수 있다.

처음부터 이미 앞서 있는 남을 보면서 낙담할 필요는 없다. 준비하고 기다리면 투자 기회는 계속 생기니 더디더라도 자기 힘으로 꾸준히 가는 것이 중요하다. 그 과정에서 점점 실력이 늘면서 가속이 붙게 될 것이다.

변액보험도
과연 재테크일까?

보험은 절대로 투자가 아니야!

변액보험은 보험과 펀드가 결합된 상품으로 국내에서는 2001년부터 판매되었다. 납입한 보험료 일부를 주식이나 채권 등에 투자해 운용실적에 따라 투자실적이 달라지는 상품이다. 투자실적에 따라 납입한 보험료보다 더 많은 금액을 받을 수도 있어서 초창기엔 변액보험을 '보험사에서 판매하는 일반 펀드'로 착각하는 일도 빈번했다.

먼저 변액보험의 종류부터 알아보자.

- **변액유니버셜보험:** 일반적인 변액보험에 자유입출금 기능이 더해진 형태다. 의무납입기간 이후에는 적립금 중 일부를 인출할 수 있다.

- **변액종신보험**: 사망원인에 관계없이 사망보장금을 지급하는 종신 보험과 같은 형태. 투자실적에 따라 사망보험금이 변동되지만, 최저 사망보험금이 보증된다.
- **변액연금보험**: 연금을 개시할 때 투자손실을 입었어도 연금액 최저보증을 해준다. 연금 개시 시점에 일시금으로 수령할 수도 있고, 연금형식으로 받을 수도 있다.

10년 이상 보유할 작정이 아니라면 '보험 따로, 펀드 따로' 가입하는 것이 더 낫다. 내가 보기엔 위험 대비용인 보험으로 보자니 보장성이 크지 않고, 투자용으로 보자니 사업비가 높아서 애매하다. 변액보험상품의 사업비는 보험회사가 보험영업과 유지에 쓰는 돈으로, 보험료에 포함되어 있다.

납입받은 보험료에서 사업비(수수료)와 위험보험료 등을 먼저 떼어내고 나머지 돈을 특별계정(펀드)에 투입한다. 정해진 규정에 따라 특별계정에 넣은 돈에서도 특별계정 운용보수, 최저 사망보험금 보증비용, 최저 연금적립금 보증비용, 증권거래비용 및 기타 비용 등을 또 빼간다.

변액보험의 사업비는 통상적으로 약 10~15%에 달한다. 만일 사업비가 12%라면 10만 원을 입금했을 때 1만 2천 원을 사업비로 뗀 후 남은 돈을 투자하는 것이어서 상당기간 동안 변액보험의 수익률이 일반 펀드를 능가하기란 어렵다.

10년을 채우지 못하면 꽝이다

변액보험은 10년 이상 유지하면 비과세혜택이 주어진다. 그렇지만 변액보험의 10년 이상 유지율은 매우 낮다. 금융감독원의 자료에 따르면 변액보험의 유지율은 1년 83.2%, 2년 67.9%, 3년 60.1%, 4년 52.4% 등이며 7년을 유지하는 비율은 29.8%에 불과했다(2016년 기준). 10명의 가입자 중 겨우 2명 정도만 비과세 시점인 10년을 채웠고, 나머지는 비과세 적용은커녕 원금조차도 못 찾은 채 해지한 것으로 봐야 한다.

A사의 변액보험상품 설명서에 따르면 투자수익률이 3.5%일 경우 가입 1년 만에 해약하면 실제 납입보험료의 62% 정도만 돌려받을 수 있다. 가입 2년 후 해지할 경우 86%, 가입 4년이 되어야 90% 넘게 환급받을 수 있다. 납입원금을 다 받으려면 보통 7~10년이 걸린다. 실제 표본조사 결과에 따르면 변액보험의 원금이 8~13년 걸려야 겨우 회복되는 것으로 나타난 사례도 있다.

이처럼 가입 후 10년까지 모집수당 등 사업비가 나가고 해지공제도 있어 중도해지 시에는 손해가 크다. 따라서 변액보험은 10년 이상 유지할 수 있다는 판단이 설 때 선택을 해야 한다. 또한 변액보험이 투자성격이 가미된 장기보유상품인 만큼 수익률 관리를 위한 자산운용 방법에도 익숙해질 필요가 있다.

변액보험의 수익률을 높이는 비법

변액보험은 일반 펀드와 달리 한 상품 내에 여러 펀드가 있어서 시장의 상황 변화에 맞게 계속 갈아탈 수 있다. 하나의 상품에는 보통 해외펀드까지 포함해 20~30개의 라인업(편입)된 펀드를 가지고 있다. 이 중에서 하나 혹은 여러 개를 선택해 투자하면 된다. 펀드변경은 일반적으로 1년에 최소 4회에서 12회까지 무료이거나 2천 원 이하의 소액으로 가능하다.

펀드변경권을 이용해 펀드들을 적절히 갈아타면서 펀드 투자 수익률을 높여 원금 회복이나 수익구간 진입을 당겨주어야 한다. 펀드변경 요령은 일반 펀드 투자에서와 같다. 주가상승기에는 주식형펀드로, 주가가 하락할 때는 채권형펀드 등으로 갈아타면 된다. 6개월에서 1년 단위로 투자한 펀드를 평가해보는 것이 좋다. 하지만 가입자의 95% 정도는 펀드변경을 하지 않는다. 어떤 펀드로 변경해야 할지 잘 모를 경우 전문가가 관리해주는 일임형 자산배분펀드를 이용해도 되고, 로보어드바이저의 도움을 받아도 된다.

또한 많은 변액보험상품들은 월 납입보험료의 200%까지 비용 부담 없이 추가로 납입할 수 있다. 사업비가 없거나 있더라도 4% 미만이어서 절감한 사업비만큼 수익률을 올릴 수 있다. 수익률만 본다면 매달 불입해야 하는 금액을 낮춰 계약한 뒤 추가 납입을 적극적으로 이용하는 것이 유리하다. 이때 보장은 계약금액을 기준으로 하며 이는 변경되지 않는다.

정리하자면 변액보험은 시장 상황에 맞춰 펀드변경을 해주고, 추가 납입을 적절히 활용해야 수익률을 높이는 데 도움이 된다. 변액보험의 수익률은 가입 보험사의 홈페이지나 고객센터를 통해 확인할 수 있다.

💻 적당한 보험료는 얼마일까?

보장성보험료는 소득 대비 5~8% 이내가 좋고, 연금보험 등 저축보험까지 다 포함한다면 소득의 20~30% 이내로 맞추는 것이 바람직하다.

대출 선택 요령,
이것만은 꼭 알아두자

담보가치보다 상환능력이 중요해졌다

"2년이 너무 빠르게 지나갑니다. 또 집을 구해야 하는데 전세는 없고, 월세는 모이는 돈이 너무 없어요. 하우스푸어가 겁나지만 대출받아 집을 마련해야 할 것 같아요."

　주택담보대출에서는 점차 담보가치에서 상환능력을 중요하게 따지는 방향으로 바뀌고 있다. 따라서 소득이 낮으면 그만큼 불리하기에 연간 대출원리금 납입액수가 낮아지도록 대출기간을 길게 잡는 방법으로 대응한다. 대개 3년 정도 지나면 중도상환 수수료가 없어지므로 그 이후에는 돈이 생기면 조기상환해도 된다. 대출 시 담보가치와 상환능력을 따지는 기준은 다음과 같다.

- LTV(Loan To Value ratio, **주택담보대출비율**): 대출금액÷주택가격. 예를 들어 LTV 60%라면 가격이 1억 원인 주택은 최대 6천만 원까지만 대출이 가능하다.
- DTI(Debt To Income, **총부채상환비율**): (해당 대출의 원리금상환액＋기타 대출의 이자상환액)÷연간소득. 예를 들어 DTI 60%라면 연간 총소득이 3천만 원인 사람은 연간 원리금 1,800만 원 이하의 금액으로 대출규모를 제한받는다.
- DSR(Debt Service Ratio, **총부채원리금상환액비율**): (해당 대출의 원리금상환액＋기타 대출의 원리금상환액)÷연간소득. DTI에 적용되지 않은 신용카드와 자동차 할부금, 마이너스통장대출까지 모두 따진다. 대출 자격과 한도가 한층 까다롭다.

부자는 대출로 투자한다는데?

대출에 기댄 투자를 '레버리지(leverage) 투자'라고 하며, 이는 부동산과 파생상품 투자에 널리 활용된다. 레버리지를 이용하면 진짜로 자산이 빠르게 불어나는지 알아보자.

- 1억 원의 자기자본으로 1천만 원의 순익을 올린 경우: 자기자본 이익률 10%
- 1억 원 중 5천만 원을 연 4%로 빌려 1천만 원의 순익을 올린 경우: 자

기자본 이익률 16%[(1천만 원−5천만 원×4%)/5천만 원=16%]

이처럼 레버리지는 타인의 자본으로 발생하는 수익까지 자기 것으로 만들 수 있어서 자산을 빠르게 불리는 지름길이 된다. 그렇다면 어떤 상황이든 레버리지 투자를 하는 것이 좋은 걸까? 절대 아니다. 수익이 날 때와는 반대로 하락할 때는 타인의 자본으로 발생하는 손실까지 다 떠안아야만 한다.

오래전에 용인 지역에서 7억 원짜리 대형아파트를 매입한 사람이 있었다. 3억 원을 대출받아 매입한 것이었는데 이후 금융위기로 아파트 매매가가 4억 2천만 원까지 하락했다. 집을 팔고 대출을 청산할 경우 자기 돈은 1억 2천만 원만 남아버리는 상황이었다. 이 경우 집값은 40%까지 떨어졌지만 자기자본 손실률은 70%나 된다. 대출로 매입한 상가까지 있던 상황이었는데 상가에 공실까지 나자 급기야 상가와 살던 집 모두 경매로 넘어갔다는 소문이 떠돌았다.

투자에는 성공담만 존재하는 것이 아니다. 레버리지는 기회와 위험을 동시에 가지고 있으므로 상승이 기대되는 대상에만, 무리하지 않는 선에서 활용해야 한다.

대출 시 이 정도는 꼭 알고 은행에 가자

대출은 담보대출과 신용대출로 구분된다. 담보대출은 아파트·토지·

자동차 같은 자산을 담보로 하고, 신용대출은 담보 없이 직장 등의 개인 신용을 바탕으로 하는 것이다. 대출을 받을 때는 다음의 사항들을 숙지하고 있어야 한다.

첫째, 빠듯한 주머니 사정을 고려해 이자를 살펴본다. 이자는 변동금리와 고정금리로 나뉜다. 변동금리는 3개월 혹은 6개월 식으로 일정 기간마다 재조정된다. 고정금리는 금리인상 시 금융기관의 손실을 고려해 가산금리(스프레드)가 적용되어서 이자율이 상대적으로 높은 편이다. 가산금리란 은행이 대출금리를 정할 때 기준금리에 덧붙이는 이자다. 기준금리가 1.25%인데 대출금리가 3%라면 가산금리 1.65%가 더해진 상태다.

향후 금리인상이 전망되거나 일정한 금리로 갚고자 할 때는 고정금리가 좋고, 금리하락이 예상되거나 단기간에 대출상환 계획이 있다면 변동금리가 무난하다. 금융감독원의 '금융상품 한눈에(finlife.fss.or.kr)'를 통해 금융회사별 대출금리를 비교해볼 수 있다.

둘째, 대출기간과 거치기간을 따져라. 대출기간이란 원금과 이자를 갚아야 하는 기간이고, 거치기간은 이자만 갚는 기간이다. 대출기간 20년에 거치기간 1년이라면 최초 1년은 이자만 내고, 나머지 19년간 원금과 이자를 함께 갚아야 한다.

셋째, 대출상환 방식을 따져본다. 대출상환 방식은 크게 만기일시상환, 자유상환, 분할상환 세 가지로 나눌 수 있다.

① **만기일시상환**: 정해진 기간에는 이자만 내다가, 대출기간 만료 시

원금을 한꺼번에 갚는 방식이다.

② **자유상환:** 자유롭게 원금과 이자를 갚아나가는 방식이다. 대출금리가 높고, 대출금을 다 갚기 전까지는 신용평가에서 불이익을 받을 수 있다.

③ **분할상환:** 원금과 이자를 대출기간에 나눠 갚는 방식으로, 세 가지 종류가 있다.

- **원금균등 분할상환:** 원금을 매월 '대출원금/대출기간'으로 나눠 갚는 방식. 매달 대출원금이 줄어들므로 이자도 따라서 줄어든다.

- **원리금균등 분할상환:** 원리금(원금＋이자)의 총합을 계산해 매달 일정한 액수로 갚는 방식. 원금균등 분할상환보다 초기 상환금이 적어 빠듯한 급여생활자에게 좋다. 그러나 중도상환 계획이 있다면 초기엔 원금상환 비중이 낮고 이자의 비중이 높아서, 원금균등 분할상환 방식일 때보다 갚아야 할 원금이 많아 불리하다.

- **거치식 분할상환:** 약정된 거치기간에는 이자만 내다가, 거치기간이 끝나면 분할상환이 개시되는 방식이다.

대출상환 방식에 따라 내야 하는 이자 금액도 달라진다. 예를 들어 1천만 원을 1년간 10%의 금리로 빌렸다고 해보자. 만기일시상환 방식은 총이자가 100만 원, 원금균등 분할상환 방식은 54만 1,667원, 원리금균등 분할상환 방식은 54만 9,906원이다. 만기일시

상환 방식	총 대출이자	총 상환금액
만기일시상환	1,000,000원	11,000,000원
원금균등 분할상환	541,667원	10,541,667원
원리금균등 분할상환	549,906원	10,549,906원

* 원칙적으로는 일 단위로 이자를 계산해야 하지만 편의상 월 단위로 적용했다.

상환 방식이 가장 이자가 많고, 원금균등 분할상환 방식이 가장 이자가 적다.

기간과 용도에 따라 대출을 선택하자

대출을 받을 때는 주거래 은행 이외에 다른 은행도 알아보자. 은행마다 금리 차이가 있기 때문이다.

2~3년 이상의 기간이라면 담보대출부터 고려한다

담보대출은 원리금을 못 갚으면 담보물을 처분해 돈을 회수한다. 따라서 은행은 돈을 떼일 위험이 낮은 만큼 이자를 낮게 책정하므로 상대적으로 부담이 덜하다. 담보로 설정할 수 있는 것에는 부동산·유가증권·채권·전세보증금 등이 있다. 부동산 외 나머지의 담보대출은 예적금담보대출 정도를 제외하면 대부분 신용대출의 금리와

별 차이가 없다. 그런데 같은 담보물이어도 대출금리가 신용등급·직업·소득 등에 따라 사람마다 다르게 적용된다는 것도 알아두자.

단기신용대출이 필요하다면 마이너스통장부터

단기신용대출은 금리를 고려해서 '마이너스통장 → 일반 신용대출 → 신용카드 현금서비스'의 순서가 바람직하다. 마이너스통장은 신용대출로, 담보대출과 일반 신용대출보다 금리가 약간 높은 편이지만 돈이 생길 때마다 채워두는 방식으로 대출금을 갚기가 쉽기 때문에 순서를 앞에 두었다. 하지만 사용기간이 6개월 이상으로 길어진다면 마이너스통장보다는 일반 신용대출을 이용하는 것이 낫다.

금리 하락기에는 신규 취급액 기준 코픽스가 유리하다

은행연합회가 예금은행들의 자금조달비용을 계산해 매달 발표하면 거기에 은행들이 가산금리를 더해 금리를 결정하는데, 이것이 '코픽스금리'다. '신규 취급액 기준 코픽스'와 '잔액 기준 코픽스', 이렇게 두 종류가 있다.

코픽스금리대출은 3개월, 6개월 등으로 금리변동 주기를 선택할 수 있다. 짧은 주기는 금리변동에 민감하고, 긴 주기는 금리변동에 상대적으로 둔감하다.

'신규 취급액 기준 코픽스'는 매월 신규조달자금으로 산출해서 시장금리의 변동이 신속하게 반영된다. 금리인하 속도를 빠르게 반영하므로 금리 하락기에 유리하다. '잔액 기준 코픽스'는 전체 조달자금의 평균이라 변동폭이 작고 시장금리 반영 속도가 더뎌서 금리 상승기에 좋다. 이처럼 단기적으로는 어떤 대출인지에 따라 이자액의 차이가 생기지만, 기간을 길게 보면 큰 차이는 없다.

보금자리론 vs. 디딤돌대출 vs. 적격대출

내 집 마련용 정책금융상품에는 주택금융공사의 보금자리론·디딤돌대출·적격대출 등이 있다. 최대 30년간 고정금리와 분할상환 방식으로 대출을 해준다. 이 중 보금자리론과 적격대출은 무주택자는 물론 1주택자도 담보주택 소재 지역 등에 따라 1~2년 내에 기존 주택을 처분하는 조건으로 이용할 수 있다.

먼저 보금자리론은 부부합산 연소득 7천만 원 이내일 경우 대출 신청 자격이 주어진다. 신혼가구는 무주택 요건을 갖출 경우 부부합산 연소득 8,500만 원 이하로, 미성년 자녀가 3명 이상이면 부부합산 연소득 최대 1억 원 이하까지로 기준이 완화된다. 대출한도는 기본적으로 3억 원이지만 미성년 자녀가 3명 이상이면 4억 원까지 가능하다. 대출대상은 6억 원 이하 주택에 한해서다.

디딤돌대출은 무주택자를 대상으로 하며 부부합산 연소득 6천만 원 이하여야 한다. 다만 생애최초 주택구입, 신혼가구, 2자녀 이상의 경우에는 부부합산 연소득 7천만 원까지로 완화된다. 주택가격은 5억 원 이하이고 주거전용면적이 85m²(수도권 제외, 읍·면 지역은 100m²까지) 이하일 경우 가능하다. 대출가능 한도는 2억 원까지이나 신혼가구는 2억 2천만 원, 2자녀 이상은 2억 6천만 원으로 한도가 올라간다. 그렇지만 만 30세 이상의 미혼 단독세대주가 디딤돌대출을 활용할 때는 조건이 까다로워진다. 주택가격 3억 원 이하, 주거전용면적 60m²(수도권 제외, 읍·면 지역은 70m²까지) 이하다. 대출액수도 최대 1억 5천만 원까지로 축소된다.

적격대출은 시중은행 주택담보대출상품보다 금리가 낮은 편인 데다 9억 원 이하의 주택을 대상으로 하고 있어서 인기가 높다. 6억~9억 원의 주택을 구할 때 이용해볼 만하다. 최대 5억 원까지 빌려주며 소득요건은 따로 없으나 투기지역에선 처분조건부 대출은 불가능해 무주택자만 가능하다. 대출금리는 취급하는 은행마다 다른데 급여통장, 신용카드 등을 해당은행에 개설해서 금리를 조금이나마 낮추는 시도를 해볼 수 있다.

이들 대출은 실직, 휴직, 폐업, 부부합산소득 20% 감소 등이 나타날 때 채무조정제도에 따른 원금상환유예 등도 가능하다. 기간별로 다른 대출금리 등은 한국주택금융공사(hf.go.kr)나 각 은행의 대출창구에 문의해 자세한 조건을 확인하고 이용하자.

그런데 2020년 6월 기준 한국은행 기준금리는 0.5%까지 인하된 상태이고 경우에 따라 더 내려갈 수도 있다. 따라서 장기간 고정금리가 적용되는 정책금융상품의 대출금리는 연 2%대 전후 수준인데 시중은행의 대출상품 금리가 더 낮아지는 역전현상이 나타날 가능성을 배제하기가 어렵다. 그럴 땐 시중은행의 주택담보대출로 갈아타는 것이 이익일 수도 있으니 금리 추이를 보면서 잘 따져봐야 한다.

💻 대출도 반품이 가능하다

은행 대출계약도 14일 이내에 철회하겠다는 의사를 은행에 밝히면 철회가 가능하다. 2억 원 이하의 담보대출이나 4천만 원 이하의 신용대출이 그 대상이며, 이유는 묻지도 따지지도 않는다. 수수료도 없고, 신용등급도 낮아지지 않는다. 은행에서는 1년에 두 번, 전체 금융회사를 대상으로는 한 달에 한 번만 철회권을 행사할 수 있다. 기준 날짜는 대출계약서 발급일과 대출금을 받은 날 중에서 더 늦은 날부터다. 이때 근저당 설정비용과 인지대, 해당 날짜만큼의 이자 등의 비용은 대출자가 부담해야 한다. 은행 영업점에 방문하거나 우편·콜센터·홈페이지를 통해 철회 의사를 전달하면 된다.

PART 6

요즘 애들에게 딱 맞는
투자 가이드

직접투자보다는
안정적인 주가연계상품

주가연계상품의 강자, ELS와 ELF

요즘은 은행에 가도 투자상품을 추천해준다. 사실상 원금보장이 되어 크게 걱정할 필요가 없다는 설명과 함께 ELF(주가연계펀드)에 투자하면 예금보다 높은 연 5~6%의 수익률을 얻을 수 있다는 식이다. 의학드라마를 보다 보면 전문 용어가 난무하는 것을 볼 수 있다. "심정지예요."라고 하면 쉽게 알아들을 대사도 "어레스트(arrest)예요."라고 말하고 자잘한 글씨로 해석 자막을 달아주는 식이다. 마찬가지로 은행에서도 ELF 같은 주가연계상품 등을 들이대면 낯선 상품명과 전문 용어 때문에 심리적으로 위축되기도 한다. 그러나 사실 알고 보면 별것 아니다.

주가연계상품이란?

삼성전자·현대자동차 등에 직접 투자하는 것이 아닌, 주식가격의 움직임이나 주가지수 등에 대해 투자하는 상품이다. 파생상품 및 다른 채권 등에도 투자하는 구조여서 주가가 상승해야 수익이 발생하는 '상승형', 주가가 하락해야 수익이 발생하는 '하락형'이 있고, 일정 수준 내의 상승과 하락 시 양쪽에서 수익이 발생하는 '양방형'도 있다. 상품에 따라 원금보장형, 부분보장형이나 조건부 부분보장형 등 다양한 형태가 출시된다.

종류로는 ELS와 ELF가 가장 대표적이며, DLS(파생결합증권)와 ELB(주가연계파생결합사채), DLB(기타파생결합사채) 등도 있다. DLS는 ELS와 동일한 구조이지만 투자대상이 주식이 아닌 다양한 실물자산, 금리, 금, 은 등의 상품이란 점이 다르다. ELB는 ELS처럼, DLB는 DLS처럼 운용하지만 은행예금이자와 비슷하거나 조금 나은 정도의 수익률과 함께 투자원금이 보장된다.

일반적으로 주가연계상품은 채권이나 예금보다는 높은 수익을 원하지만 직접투자는 꺼리는 사람들을 주요 타깃으로 하며 '중위험-중수익'을 추구한다. 주가나 상품 등의 가격이 큰 변동성 없이 정해진 범위 내에서만 움직이면 안정적인 수익을 얻을 수 있기 때문에 인기가 높다. 하지만 예기치 않은 호재나 악재로 투자대상의 가격변동폭이 예상의 범위를 벗어날 정도로 클 땐 손실로 이어질 수도 있으니 참고하자.

ELS(Equity-Linked Securities)

투자금의 상당 부분을 우량채권에 투자해 원금보존을 추구하면서 일부 자금을 금융파생상품에 투자하는 금융상품이다. 기초자산이 미리 정한 범위 안에 머무르면 투자 초기에 약속한 수익을 지급한다. 예를 들어 기초자산이 현대차일 경우, 오늘 현대차 주가를 기준으로 3년 내 가격이 60% 이하로 떨어지지 않는다면 연간 6%의 이자를 주겠다는 식이다. 원금보장 여부에 따라 원금보장형과 비보장형으로 나뉘는데, 대부분 비보장형이다.

ELS는 계약 시 제시한 조건에 부합하면 조기상환이 가능하다. 조기상환이 되지 않았을 때는 만기상환을 한다. 상품이 수시로 발행되므로 자주 증권회사 홈페이지에 들어가 마음에 드는 상품의 출시 여부를 확인한 후 투자하면 된다.

상품정보에는 투자대상이 되는 기초자산, 투자기간, 원금보장 여부, 조기상환조건, 배리어 등을 밝힌다. 알고 보면 어렵지 않은데 처음에는 적힌 말들이 마치 암호 같아 보일 수도 있다. 이에 익숙해지려면 투자에서 사용되는 전문 용어부터 알아야 한다.

- **배리어(Barrier):** 손실 가능성이 생기는 기초자산의 최후 방어선이다. 배리어가 60%라면 기초자산의 가격이 60% 미만으로 떨어지지 않아야 손실이 일어나지 않는다는 뜻이다.
- **녹인(Knock-In):** 원금비보장형 ELS란 의미로 원금손실발생 기준이다. 평가기간(투자기간) 중 기초자산이 한 번이라도 녹인(KI) 배리

어 미만이 되면 원금손실발생 가능성이 생긴다. 곧바로 손실이 확정되는 것은 아니지만, 약정된 수익을 보장받으려면 기초자산이 만기까지 가입 당시의 80% 이상으로 회복되어야 하는 등의 조건이 붙은 상품이 많다.

• 노녹인(No Knock-In): 녹인 배리어가 없는 ELS다. 만기 시의 마지막 상환조건만 충족시키면 된다. 녹인상품보다 안정성이 높지만 만기 시 제시된 상환조건보다 기초자산의 가격이 떨어졌다면 역시 손실이 생긴다.

증권사 홈페이지를 보면 상품 설명이 보통 이렇게 적혀 있다.

"만기 3년, 원금비보장형, 매 6개월마다 총 6회의 수익확정 기회, 조기상환 조건 충족 시 원금 지급, 매월 평가일에 기초자산의 종가가 모두 60% 이상이면 (세전) 0.515% 월 수익 지급, 최대 연 6.180%, 최대손실률 −100%, 스텝다운 조기상환형(90-90-85-85-80-75/50KI)"

무슨 설명인지 천천히 알아보자. 우선 '90-90-85-85-80-75/50KI'부터 확인해보자. 앞의 숫자는 만기 3년 동안 매 6개월마다 돌아오는 조기상환조건이다. 첫 6개월 시점에 기초자산이 90% 이상에만 있으면 조기청산이 된다. 12개월 시점에는 기초자산이 90% 이상, 18개월 시점에는 기초자산이 85% 이상, 30개월 시점에는 기초자산이 80% 이상이어야 조기상환이 된다는 조건 표시다.

'스텝다운'은 점점 기초자산의 충족기준이 낮아진다는 뜻이다.

조기청산이 되지 못하면 어떻게 될까? 매월 평가일에 기초자산의 종가가 모두 60% 이상만 되면 만기일에 연 6.180%의 수익이 발생해 3년간 누적수익률은 '연 6.180%×3년=18.54%'가 된다.

녹인 조건도 살펴보자. '50KI' '최대손실률 -100%'라는 내용이 있다. 만일 기초자산의 가격이 50% 미만으로 하락하게 되면 최악의 경우 원금을 모두 까먹을 수 있다는 뜻이다.

ELS는 중도환매(상환) 시 중도환매 수수료(대체로 평가가격의 3~10%)가 높으므로 가급적 중도환매를 하지 않는 것이 바람직하다. 하지만 돌발변수로 인해 대규모 녹인(손실)이 우려되는 상황에서는 증권사 등 금융사에서 고객에게 연락해 중도환매를 권하기도 한다.

ELF(Equity-Linked Fund)

ELF는 ELS에 투자하는 펀드를 말한다. ELS는 증권사에서 발행하지만 ELF는 자산운용사에서 만들어 운용한다. 그래서 ELS는 주로 증권사에서만 판매되지만 ELF는 은행에서도 많이 판매되어 종종 원금보장이 된다는 오해를 일으킨다.

대부분의 ELS가 조기상환 구조를 가지고 있는 만큼 ELF도 조기상환조건을 충족하면 조기상환되며, 만기는 3년인 경우가 많다. 또한 추가 납입이 대부분 제한되어 있다. 중도환매는 가능하지만 5~7%의 높은 수수료를 물어야 한다.

손실발생조건을 파악해두자

주가연계상품은 기대수익률만 따져서는 안 된다. 손익구조와 함께 손실발생조건을 파악하는 것이 더 중요하다. 초보자라면 익숙해질 때까지 도와줄 사람이 필요한데, 계좌를 개설해준 증권사 직원의 조언을 최대한 활용하라. 상품 특성과 투자에 익숙해지기 전까지는 전화를 걸거나 직접 찾아가서 상품 내용, 기초자산이 속해 있는 시장 동향 등을 물어보자. 상품의 수수료를 괜히 지급하는 게 아니다.

기초자산의 수가 많을수록, 제시수익률이 높을수록 위험성이 높아진다

투자를 결정할 때는 반드시 기초자산의 특성과 원금손실구간이 적정한지를 물어야 한다. 기초자산이 여러 개일 경우, 이 중 하나라도 손실발생조건에 해당되면 손실이 발생하는 구조로 설계된다. 그래서 기초자산의 수가 많아지면 제시수익률이 높지만, 충족조건 또한 기초자산의 수만큼 많아져 손실 위험이 높아진다.

손실 위험을 줄이기 위해 40KI처럼 원금손실구간이 낮은 상품을 선택하기도 하는데, 그러면 수익률도 낮아진다. 주가연계상품도 '고위험-고수익, 저위험-저수익' 원칙이 적용되기 때문이다.

개별종목 주가가 기초자산이라면 개별종목의 성향을 파악해야 한다

일반적으로 개별 주식가격 연계상품이 주가지수 연계상품보다 안정성이 떨어진다. 개별종목은 반토막이 날 수도 있지만 추종하는 주가지수가 갑자기 반토막이 날 가능성은 높지 않기 때문이다. 기초자산이 삼성전자 같은 개별종목을 추종하는 상품이라면 기초자산의 성향까지도 꼼꼼하게 따져봐야 한다. 반도체를 포함한 전기전자산업·중공업·건설·금융주 등은 경기에 민감하게 반응한다. 경기에 따른 주가변동 폭이 클 경우 자칫 손실구간에 진입할 가능성이 높아진다. 기초자산이 니케이지수 등 해외 투자형인 경우에는 환율 변화와 해당 국가의 금융시장에 대해서도 파악해야 한다.

최근 1년 동안 급등한 기초자산이라면 더 오를지, 아니면 떨어질지 그 움직임을 예측하기 쉽지 않아서 아무래도 피하는 것이 좋다. 제시 수익률을 시장 상황에 맞추어볼 때 현실성이 있는지, 부득이하게 중도환매를 해야 한다면 중도환매 절차 및 수수료가 어떤지에 대해서도 확인해야 한다.

─$─ 재미로 알아보는 혈액형별 투자성향
···

A형: 조심히 접근, 안정적 수익 추구
　　→ 투자할까 말까 한참 고민하다가 한참 뒤에 결정한다.
B형: 확신을 가지고 화끈하게 투자
　　→ 확신이 들면 물불 가리지 않고 끝까지 밀어붙인다.
O형: '모 아니면 도' 식 투자
　　→ 일단 저질러놓고는 그다음에는 별 신경을 안 쓴다.
AB형: 분석 또 분석
　　→ 자기 방식대로 분석한 후 확신이 서야 투자한다. '귀차니즘 AB형'
　　　이 많아 분석만 하고 행동하지 않는 경우가 더 많다.

자료: 한국거래소(KRX)

좋은 펀드 선택,
혼자서도 할 수 있다!

펀드는 증권사에서 가입하라

펀드를 가입할 때는 초보자일수록 투자만 전문적으로 다루는 증권사에서 가입하는 것이 좋다. 투자 실력을 키우려면 모르는 것이나 궁금한 것이 생길 때마다 수시로 묻고 또 물어야 한다. 은행은 지점이 많고 다양한 상품을 판매한다는 장점이 있지만, 궁금한 점이 생길 때마다 직원에게 묻기가 쉽지 않다. 반면 증권사에는 고객과의 상담을 주 업무로 하는 많은 영업 직원들이 있어, 이러한 부분에서 큰 도움이 된다.

운용 대상을 기준으로 펀드를 나눠보면 크게 주식형, 채권형, MMF(머니마켓펀드)로 나눌 수 있다. 주식형펀드는 주식에 60% 이상

편입하는 펀드를 주로 일컫는다. 채권형은 채권 등의 확정금리상품을 주로 운용해서 원금손실 가능성은 낮다. 대신 기대수익률이 예금금리보다 약간 높은 정도다. MMF는 기간이 짧은 채권·CD(양도성예금증서)·예금 등으로 운용해 원금손실 가능성이 낮다. MMF는 수시 입출금이 가능하며 기대수익률은 실세금리 수준이다. 이 외에도 선물·옵션 같은 파생상품에 투자하는 파생상품펀드, 부동산펀드 등이 있다.

펀드 선택 시 이것만은 꼭 살펴라

어디에 투자되는지 확인한다

해당 펀드가 채권형인지, 주식형인지, 해외형인지 등 유형과 어느 대상에 주로 투자되는지를 확인해야 한다. '차이나펀드'란 이름만 보고 중국 투자상품인 줄 알았는데 홍콩과 대만 주식 투자상품이어서 황당했다거나, 안정성이 높은 것을 찾아달라고 신신당부했더니 채권펀드여서 주가 대세상승기에 소외되었다는 등의 사례가 많다. 투자 전에 제발 어디에 투자되는지, 투자스타일이 어떤지를 제대로 살펴 오해를 만들지 말자.

운용성적표인 벤치마크를 살펴본다

펀드를 선택할 때는 펀드수익률을 판단하는 지표인 벤치마크

(benchmark)를 살펴봐야 한다. 벤치마크는 주식·채권·부동산 등의 수익률을 대표하는 지수를 사용해 만드는 비교지표다. 오를 때는 벤치마크지수보다 더 많이 오르고, 내릴 때는 덜 빠져야만 운용을 제대로 한 펀드라고 보면 된다.

수익률이 일시적인 것인지 아니면 실력인지 판명해보기 위해선 벤치마크와의 수익률 비교를 6개월, 1년, 2~3년 정도의 기간까지 살펴본다. 운용수익률과 벤치마크는 증권사나 자산운용사의 홈페이지에서 쉽게 볼 수 있다. 다만 투자수익률로 볼 수 있는 것은 미래가 아닌 과거의 운용성적이라는 점은 잊지 말자.

벤치마크를 살펴볼 때의 요령은 다음과 같다.

- **벤치마크와 비교한 수익률의 변화가 완만해야 한다:** 벤치마크지수에 비해 운용성적이 들쭉날쭉하다면 위험도가 높은 상품이 끼어 있다는 의미다.
- **최근으로 올수록 좋은 수익률을 보여야 한다:** 최근으로 올수록 점점 더 좋은 수익률을 보인다는 것은 펀드 안정화가 일어나고 있다는 의미다.
- **벤치마크 수익률보다 지나치게 낮으면 투자를 중단한다:** 벤치마크 수익률보다 낮은 성과가 1년 이상 지속된다면 펀드를 교체해야 한다.

펀드는 운용규모가 큰 게 유리하다?

펀드의 운용규모는 어느 정도가 적당할까? 업종 대표주 같은 대형주 위주로 구성된 인덱스·대형우량주 펀드와 채권펀드 등은 운용규모가 크면 유리한 편이다. 운용규모가 크면 투자금으로 유입된 돈이 많아 다양한 종목을 충분히 살 수 있어서 포트폴리오를 운용하는 데 상대적으로 용이하다. 인덱스펀드란 펀드매니저의 적극적인 개입 없이 주가지수의 수익률을 충실하게 따라가도록 설계된 펀드로, 수수료가 낮다는 장점이 있다. 주가상승률을 따라가므로 상승기에 적합한 펀드다.

중소형주펀드는 투자대상인 중소형주의 특성상 빠르게 사고팔면서 움직일 수 있도록 가벼운 것이 좋을 때가 많다. 몇 개 종목만으로도 높은 수익을 기대할 수 있기 때문이다. 물론 펀드매니저의 운용능력 역시 중요하므로 펀드규모는 참고 정도만 하는 게 좋다.

만일 운용보고서 등을 통해 펀드규모가 급격하게 감소하면 그 이유를 판매회사나 운용회사를 통해 확인해야만 한다. 투자자들이 펀드에서 자금을 빼고 있거나 수익률이 급격히 악화되고 있다는 뜻일 수 있기 때문이다.

주식형펀드의 투자수익률은 주가흐름에 연동된다. 주가가 오르면서 수익률도 오르고 주가가 하락하면 펀드수익률에도 악영향을 미친다. 그래서 펀드는 가입시점과 환매시점을 어떻게 결정하느냐가 수익률 결정에 지대한 영향을 미친다.

보통 보유하고 있는 도중에 시장전망이 달라지면 환매하거나 시장 상황에 맞는 다른 펀드로 갈아타야 한다. 이때 누적수익률을 보고 결정하는 것이 좋다. 이익이 충분히 난 상태가 아닌, 심지어 손실이 난 상태에서 겁이 난다는 이유로 자칫 최저 가격으로 팔면 나중에 땅을 치며 후회할 수도 있다. 오히려 주가가 많이 하락했을 때가 싼 가격으로 주식을 살 수 있는 기회가 되기도 한다. 추가 입금을 통해 수익을 더 높게 끌어갈 기회일 수도 있다. 따라서 추가 하락이 예상되는 상황이 아닌지를 잘 살펴보고 환매 여부나 교체 타이밍을 결정하는 것이 중요하다.

펀드수익률은 어떻게 계산하나?

펀드수익률은 매일 발표되는 기준가격으로 계산한다. 찾을 때의 기준가격에서 가입 시 기준가격을 뺀 만큼이 이익의 크기가 되는데, 계산 공식은 다음과 같다.

(환매 시 기준가/가입 시 기준가-1)×100

A펀드의 기준가가 1일에는 1천 원, 10일에는 1,250원, 20일에는 900원, 31일에는 1,100원으로 요동쳤다고 해보자. 위의 공식에 대입해 계산해보면 한 달간 A펀드의 수익률은 10.1%다.

	1일 입금 (기준가 1천 원)	10일 추가 입금 (기준가 1,250원)	20일 추가 입금 (기준가 900원)	31일 차 수익률 (기준가 1,100원)
사례 1	100만 원	1천만 원	100만 원	−7.25% (1,113만 원)
사례 2	100만 원	100만 원	1천만 원	18.42% (1,421만 원)

이 펀드를 이용해 총 1,200만 원을 20일간 세 번에 나눠서 다음과 같이 투자했다고 해보자.

- **사례1:** 100만 원×(1,100/1,000-1)+1천만 원×(1,100/1,250-1)+100만 원×(1,100/900-1)=약 1,113만 원
- **사례2:** 100만 원×(1,100/1,000-1)+100만 원×(1,100/1,250-1)+1천만 원×(1,100/900-1)=약 1,421만 원

가상의 사례로 주가가 올랐을 때와 하락했을 때 추가 입금한 경우를 비교해보았다. 같은 펀드이므로 펀드수익률은 모두 동일한 10.1%이지만 언제 매수했느냐에 따라서 실제 투자수익률이 사례 1(−7.25%)과 사례2(18.42%)처럼 동일한 펀드 내에서도 달라지는 것을 알 수 있다. 이를 이용해 펀드는 손실이 났을 때 추가 입금을 통한 물타기 방식으로 평균 매입단가를 낮추어놓으면 주가 재상승 시 수익률을 더 높게 끌어올릴 수도 있다.

기준가격은 펀드 내의 주식, 채권, 부동산, 현금성 자산의 보유량

에다 그날의 시장 종가를 곱해 펀드자산의 시장가치를 산출해서 구한다. 투자자들이 펀드를 구입하는 단위를 '좌(座)'라고 한다. 펀드가 처음 설정되면 최초 기준가격은 1천 좌당 1천 원(1좌당 1원)으로 시작한다. 기준가격과 수익률은 펀드 판매사나 자산운용사, 자산운용협회의 홈페이지 등에서 확인할 수 있다. 채권형은 연환산해서 수익률을 보여주며 해당 투자기간 동안의 수익률에 '365/투자일수'를 곱하면 된다.

외계어와도 같은 펀드명 해체해보기

펀드 이름은 작명하는 공식이 따로 있다. 펀드에 투자하고자 한다면 적어도 펀드의 이름은 볼 줄 알아야 한다. 예를 들어 펀드 이름이 '○○투자삼성그룹증권자투자신탁(주식)(C-e)'라고 해보자. 이 펀드명은 이런 식으로 분해가 된다. '○○투자-삼성그룹-증권-자-투자신탁-(주식)-(C-e)' 이것이 각각 의미하는 바는 '운용회사+투자지역/섹터/전략+자산종류+모자 구분+법적 성격+주운용자산+펀드클래스'다.

'운용회사'는 펀드를 운용하는 자산운용회사의 이름이며 '투자지역/섹터/전략'은 펀드 투자전략의 상징 혹은 핵심을 드러내는 것으로 투자지역, 투자하는 산업, 투자전략을 요약해서 보여준다. '자산종류'는 주식·채권 등 유가증권에 투자한다는 뜻으로 투자대상에 따라 '○○부동산투자신탁' '○○특별자산신탁' 등으로 표시한다.

'모자 구분'은 펀드 이름에 '자'자가 들어가면 모(母)펀드가 따로 있다는 뜻인데, 일반적으로 운용사들은 자(子)펀드들로 구성된 모(母)펀드를 운용해 수익을 낸다. '법적 성격'은 펀드의 법적 성격을 표시하며 대부분의 펀드는 투자신탁형이다. 투자신탁형이 아닌 경우는 투자회사의 형태도 있다.

'주운용자산'은 펀드 운용자산의 대표적 성격으로 일반적으로 볼 수 있는 형태는 이렇다. '주식'은 주식 및 주식관련 파생상품에 60% 이상 투자한 주식형펀드라는 의미이고, '채권'은 채권형펀드이며, '주식혼합'은 주식과 채권에 투자하되 주식 투자비율이 50% 이상인 펀드를 의미한다. '채권혼합'은 주식과 채권에 투자하되 주식 투자비율 50% 미만인 펀드다. 그리고 '펀드클래스'는 해당 펀드의 비용구조를 나타낸다.

수수료 적은 펀드? 상품명 뒤의 알파벳을 보라

펀드비용에 대해 대체로 신경을 쓰지 않지만, 펀드에 들어가는 비용을 줄이면 그만큼 수익이 늘어난다. 펀드에 들어가는 비용은 판매 수수료와 각종 보수(운용·판매·신탁 보수)로 나뉜다. 판매 수수료는 펀드에 가입하거나 환매할 때 판매사에 내는 비용이고, 보수는 펀드를 관리하는 대가로 지불하는 돈이다. 펀드에 가입할 때 판매

수수료를 떼는 것은 '선취형', 펀드를 해지할 때 떼는 것은 '후취형'이라고 한다. 그런데 같은 펀드라도 가입경로에 따라서 비용(수수료)이 달라질 수도 있다.

펀드명에는 알파벳 기호가 붙는다. 이는 '클래스(class)' 기호로 판매 수수료와 가입경로를 나타낸다. 펀드는 판매 수수료 부과시점에 따라 크게 A클래스와 C클래스로 나뉜다. A클래스는 가입 시 판매사(증권, 은행 등 펀드를 판매하는 회사)에 일회성 선취 수수료를 내지만 매년 지불해야 하는 보수가 상대적으로 낮다. C클래스는 A클래스보다 보수는 높지만 가입할 때 선취 수수료를 내지 않는다. A클래스는 비용(선취 수수료)을 먼저 내기 때문에 투자금이 많아질수록 비용이 증가하는 펀드의 특성상 장기투자일 때 적합하다.

클래스에는 투자자의 가입경로가 표시된다. A클래스와 C클래스는 영업점을 통해 가입했다는 것이다. 온라인 채널을 통해 가입하면 A-e클래스와 C-e클래스로 표기된다. 온라인 채널은 수수료가 저렴하다는 특징이 있다. 연금계좌를 나타내는 펀드클래스도 있는데 이는 알파벳 P로 표시한다. 개인연금펀드 C-P(영업점 가입), C-Pe(온라인 가입)가 있으며, 퇴직연금펀드 C-P2(영업점 가입), C-P2e(온라인 가입)로 구분된다.

그리고 S클래스는 펀드슈퍼마켓 전용펀드로 판매보수가 대개 1/3 수준이다. 대신 가입 후 3년이 안 된 시점에 환매하면 판매 수수료를 별도로 부과하며, 은행이나 증권사 소속 전문가와 상담할 수 없다는 게 단점이다.

포트폴리오를 6개월마다 평가하고 재조정하라

우리나라는 주식형펀드의 평균 투자기간이 2~3년 정도로 단기투자 경향이 높다. 주가가 오르면 가입하고 하락하면 환매하는 식으로 투자한다. 주식형펀드 투자도 주가가 낮을 때 사서 비쌀 때 환매해야 하는데 대부분 역행 투자를 하는 셈이다.

그런데 전문가들조차도 쉽지만은 않은 것이 주가 예측이다. 그래서 현재에는 측정되지 않는 미래의 위험을 분산하기 위해 사용하는 대응법이 분산 투자다. 분산 투자는 연령·재산상태·투자성향을 고려해 상호보완 관계에 있는 자산에 대해 비율을 나누어서 펀드에 투자하는 방법이며, 한정된 투자 자산을 배분하는 방법이다. 이를 '포트폴리오'라고 하는데, 포트폴리오는 돌발 변수가 없는 한 6개월 정도마다 적절한지 평가해보는 것이 좋다.

30대 투자자가 투자자금을 주식형 70%, 채권형 20%, MMF 10%의 포트폴리오로 운용한다고 가정해보자. 단기상품인 MMF는 급전이 필요할 때 사용하기 위한 용도다. 6개월 후 주식형펀드의 수익률이 높아서 주식형펀드가 전체 투자자금 중 비중이 80%가 되었다. 그러면 주식형펀드에서 늘어난 부분을 부분환매해 채권형과 MMF에 좀 더 투자하는 방식으로 재분배해서 원래 포트폴리오 비율인 70%, 20%, 10%에 맞춰준다.

반대로 주식형이 하락하고 대신 채권형과 MMF에서 자산이 늘었다면 마찬가지로 채권형과 MMF에서 늘어난 만큼 팔아서 주식형펀드에 자금을 유입해 원래의 비율을 다시 맞춰준다. 이를 '포트폴리오의 재조정'이라고 한다. 이 작업은 감정적인 투자결정을 막아 시장에 휘둘리지 않게끔 해준다.

여기서 오해하지 말아야 하는 것이 있다. 포트폴리오 재조정이란 단지 처음 선택한 펀드들의 비율만 바꿔가며 계속 유지하라는 것이 아니다. 보유하고 있는 펀드가 벤치마크 수익률을 계속 못 따라가고 있다면 환매한 후 다른 펀드로 갈아타는 것까지도 포함하는 개념이다.

자신에게 딱 맞는
펀드 운용하기

시기와 투자자금을 분산시키는 적립식펀드

"주가 폭락에 불안한 마음이 들어서 적립식펀드 불입을 중단했어요. 직장동료는 무슨 배짱인지 계속 불입하더군요. 그런데 결과는 동료의 승리였어요. 대체 어떻게 된 건가요?"

20~30대는 쌓아놓은 자산이 거의 없고 소득도 많지 않아서 목돈투자가 쉽지 않다. 그럴 때 10만 원 혹은 20만 원의 소액 투자용으로 적립식펀드만큼 좋은 것이 없다. 매달 적금을 붓듯이 넣다 보면 목돈도 만들고 수익도 챙길 수 있다.

적립식 투자의 장점이자 특징은 매달 일정액을 넣어 투자하는 방식이라 투자금의 시기분산이 자연스레 일어난다는 것이다. 주가가

	우상향형(╱)	역V형(╱╲)	V형(╲╱)	우하향형(╲)
첫 달	10,000원	10,000원	10,000원	10,000원
2개월 후	10,100원	10,100원	9,900원	9,900원
5개월 후	10,400원	10,400원	9,600원	9,600원
7개월 후	10,600원	10,600원	9,400원	9,400원
8개월 후	10,700원	10,500원	9,500원	9,300원
10개월 후	10,900원	10,300원	9,700원	9,100원
13개월 후	11,200원	10,000원	10,000원	8,800원
적립식 수익률	5.8%	−2.7%	2.9%	−6.2%
거치식 수익률	12%	0%	0%	−12%

* 투자기간 13개월 동안 주식가격이 매월 100원씩 등락했다고 가정한다.

높을 때는 주식이 적게 사지고 주가가 낮을 때는 많이 사지면서 평균 매입가격이 낮아지는 '코스트에버리징(cost averaging)' 효과가 발생한다. 직장동료가 주가가 낮을 때도 계속 불입해서 평균단가를 낮추어갔던 것이 좋은 결과를 낳은 것도 바로 코스트에버리징 효과의 영향이다.

1만 원짜리 주식이 매월 100원씩 등락했다고 가정하고, 매달 일정액을 납입했을 경우와 처음부터 목돈을 예치했을 경우 주가등락에 따른 수익률을 계산해보자. 시뮬레이션처럼 주가가 매달 같은 폭으로 움직이는 경우는 없지만, 패턴별 수익률의 변화를 파악해볼 수 있다.

거치식은 주가가 계속 오르는 우상향 패턴인 주가상승기에서만 수익이 발생했다. 적립식펀드는 역V형 패턴과 대세하락기 형태인 우하향 패턴만 제외하면 주가가 출렁이더라도 수익이 나온다는 것을 알 수 있다.

그러면 적립식 투자 시 역V형이나 우하향형에서는 손해를 볼 수밖에 없는가? 그렇지 않다. 주가는 계속 오르내리기 때문에 투자기간을 좀 더 늘리면 ╱╲╱ 패턴이 나타나면서 코스트에버리징 효과로 인해 수익이 발생한다. 그래서 적립식펀드는 3년 이상 투자할 것을 권장한다.

가장 좋은 펀드는 궁합에 맞는 펀드다

펀드 투자의 결과는 자신의 책임이므로 최소한 세 가지를 고려해야 한다. 자신의 투자성향, 투자 목적과 기간 그리고 자산규모다. 1~2년 안에 결혼자금으로 활용할 목적이라면 원금을 잃지 않을 수 있는 안정성에 비중을 두자. 여윳돈이 빠듯한 상태여서 일단 목돈부터 만들고 싶다면 역시 안정성에 비중을 둘 필요가 있다. 투자금이 여유가 있다면 그중 일부를 공격적인 펀드에 투자해 수익률을 높게 끌고 갈 수 있는 길을 열어둘 수 있다.

이처럼 자신의 목적과 상황에 맞추어 궁합에 딱 맞는 펀드를 골라 투자하는 게 가장 좋다. 그럼 상황에 따라 어떤 펀드를 선택하면 좋을지 살펴보자.

주가가 많이 오를 것 같다면: 인덱스펀드, 전환형펀드

주가상승기에는 대형주 위주로 편입되어 주가지수 등락을 그대로 따라가는 인덱스펀드를 선택한다. 인덱스펀드는 수수료가 낮아 중·장기투자에 적합하며, 상승기에는 적립식보다 입금금액이 큰 거치식펀드가 더 유리하다. 주가상승기를 이용해 반짝 수익을 얻으려 할 때는, 주식형으로 운용되다가 목표수익률에 도달하면 채권형으로 전환되는 전환형펀드도 고려해볼 만하다.

주가가 박스권에서 왔다 갔다 한다면: ELS, 적립식펀드

추세의 방향성이 애매할 때는 ELS와 적립식펀드가 무난하다. 주가가 하락 추세인 것 같다면 금리기반상품인 고금리예금, 주가하락 시 이익이 나도록 설정된 ELS, 채권형펀드가 좋다. 그러다 주가가 충분히 바닥으로 떨어져 앞으로 오를 일만 남았다면 성장형이나 인덱스펀드로 교체하면 된다.

원금은 절대 잃고 싶지 않다면: 예금, 국공채

원금을 잃지 않으려면 예금과 국공채를 따라갈 만한 것이 없다. 다만 안정성이 높은 대신 기대수익률이 낮다.

투자를 하고 싶은데 잘 모르겠다면: 적립식펀드, 재간접펀드

적은 액수로도 꾸준히 일정액을 사들이는 적립식펀드나 재간접펀드가 좋다. 재간접펀드란 주식이 아닌 여러 펀드를 사고파는 방식으로 투자하는 펀드다.

이 외에도 주식시장이 좋을 때는 주식편입비율이 높은 상품으로, 반대 상황일 때는 채권형이나 국내보다 경기여건이 나은 해외형에 일부 투자한다. 금리가 높을 때라면 잠시 예금을 선택해서 운용해도 된다. 알아서 가입자의 생애주기에 맞춰 투자 포트폴리오를 자동 조정해 투자를 해주는 자산배분펀드인 TDF(타깃데이트펀드)를 활용할 수도 있다. 더 이상 연금저축펀드의 운용에 겁먹을 필요가 없는 환경으로 변화되어가고 있는 중이다.

큰 욕심 버리면
주식 투자도 위험하지 않다

주식 투자는 1인 기업이다

나는 주식 투자를 매력적이라고 여긴다. 세금관계가 복잡해지는 사업자등록을 낼 필요도 없고, 중개인이나 여러 사람을 만나 머리 아파하면서 이리저리 조율할 필요도 없다. 단지 컴퓨터 한 대와 그것을 놓을 공간만 있으면 HTS매매를 낼 수 있고, 그조차도 필요 없이 MTS로 언제 어디서든 주식에 투자할 수도 있다.

HTS는 홈 트레이딩 시스템(Home Trading System)의 준말로, 집이나 사무실에서 컴퓨터를 통해 주식을 매매하고 정보까지 검색할 수 있는 시스템이다. MTS는 모바일 트레이딩 시스템(Mobile Trading System)의 준말이며 스마트폰이나 태블릿PC 등을 활용한 주식 거래 시스템이다.

주식 투자가 간편해서 좋다고는 했지만 누구나 다 주식 투자에 성공하지는 못한다. 미국에서 애널리스트들의 예측을 검증해본 결과 그들의 예측 내용 중 94%가 틀렸다고 할 정도로 위험성을 크게 안고 있는 투자법이기도 하다. 천재로 알려진 영국의 물리학자 아이작 뉴턴(Isaac Newton)도 주식 투자에 실패한 후 "천체의 움직임은 계산할 수 있지만 사람들의 광기는 계산할 수 없다."라는 말을 남겼을 정도다.

주식 투자는 단돈 10만 원 혹은 그것도 안 되는 금액으로 시작할 수 있을 정도로 진입 장벽이 낮아서 누구나 다 뛰어들 수 있다. 그런데 실전에 들어가면 초보라고 봐주는 일이 없으니 그게 문제다. 매매를 잘못 내었을 때 한 수 물림 같은 것도 절대 없기에 신세한탄 대열에 동참하지 않으려면 주식 투자를 시작하기 전에 반드시 모의투자부터 하길 권한다.

모의투자서비스를 제공하는 증권사 홈페이지에서 회원등록을 한 후 모의투자를 신청하면 증권사의 가상계좌로 한두 달간 가상화폐를 이용한 모의투자가 가능하다. 아니면 관심이 있는 몇 종목을 정해 샀다고 가정하고 매일의 주가흐름을 지켜보는 방법도 있다.

모의투자를 마치고 실전투자를 시작하려면 증권계좌를 개설해야 한다. 최근 몇 년 사이 금융투자업계에서는 비대면 증권계좌가 확산되어 본인확인만 되면 온라인으로도 계좌를 만들기가 쉬워졌다. 증권사와 제휴한 은행에서도 계좌개설이 가능하다. 하지만 초보자는 증권사의 영업점에 가서 개설하기를 권한다. 영업점에서 개설할 경우 관리 담당자 지정을 요청하면 종목을 선정하거나 판단에 애로 사항 등이 생길 때 전화로 상담하는 것도 용이해진다.

그런데 증권사 직원을 통해 매매를 내면, 증권사마다 차이가 있으나 증권사에 주는 거래 수수료가 주식매매가의 0.45% 정도로 가장 비싸다. 따라서 조언이 필요해 증권사 직원에게 묻게 되더라도, 주문을 낼 때는 온라인을 통해 수수료가 낮거나 없는 HTS나 MTS를 이용하는 것이 좋다.

모든 것을 꿰뚫어야 한다는 건 치명적인 오해다

주식 투자에 뛰어들어서 타인의 조언을 받아 깨알 같은 수익을 몇 번 얻고는 결국 마지막엔 가슴 치는 사례가 넘쳐난다. 이런 일을 막으려면 그 많은 종목을 다 꿰뚫고 있어야 한다는 편견을 버리자. 종목을 많이 알수록 선택의 폭이 넓어지기는 하지만 인공지능이면 모를까 개인이 전 종목의 움직임을 꿰뚫고 따라잡는 것은 불가능하다. 전 종목의 움직임을 모두 알아야 하다고 생각하면 부담감이 앞서고 늘 위축되어 남에게 의존하려는 성향만 강화될 뿐이다.

영화 〈타짜〉의 실제 모델이었던 사람의 이야기를 읽은 적이 있다. 화투의 밑장빼기를 익히기 위해 3년간 손에 물집이 잡히고 굳은살이 생긴 채 패를 섞는 연습을 했다고 한다. 심지어 포커는 타짜가 되려면 8년 정도는 걸린다고 한다. 거기에 비하면 사람들이 주식 투자는 너무 쉽게 생각하는 것이 아닌가 싶다. 주식 투자에 대한 성급한 마음가짐을 버리고 적어도 경제순환의 한 주기를 지켜보면서 익힐 필요가 있다.

모든 투자의 기본 원칙은 자신이 잘 알고 익숙한 대상이어야 한다는 것이다. 평소에 많이 들어봤던 기업을 중심으로 선택해도 된다. 게임을 좋아하면 게임주 내에서 선택하는 것처럼 자신이 잘 알고 관심 있는 분야의 종목들로 압축해서 접근해도 좋다. 이도저도 아닌 입장이라면 삼성전자, 현대차, 포스코, LG화학, 삼성바이오 같은 업종 대표주를 포함한 10종목 정도만 꾸준히 관찰하면서 이것들만 계속 사고파는 방법도 있다. 그러다 익숙해지면 점차 투자종목을 넓혀가면 된다.

-$- 코스피와 코스닥의 차이가 뭘까?

코스피는 우리나라의 대표 주가지수다. 삼성, 현대, LG 등의 대기업 및 중견기업 이상인 회사들이 상장되어 있다. 코스피의 기업 규모 요건은 자기자본 300억 원 이상, 상장주식 수 100만 주 이상 등을 충족해야 한다. 간단히 말해 우리가 흔히 알고 있는 우리나라 대기업들로 구성되어 있으며, 이들 기업의 주식가격 변동을 종합적으로 작성한 지표라고 할 수 있다.

코스닥시장은 벤처기업이나 기술성장 기업을 중심으로 한다. 벤처기업의 경우 수익성, 매출액과 시장평가, 성장성을 기준으로 평가하고 상장한다. 현재 적자를 보고 있는 기업이라도 그 기업의 기술력이나 성장 잠재력을 인정받아 기술평가 특례, 성장성 추천 등으로 상장되는 경우도 있다.

이 외에도 미래변화 및 시황흐름에 맞는 업종 대표주 등을 선별하려면 언론기사나 증권사의 리서치센터 자료 등을 보는 게 도움이 된다. 거래증권사의 직원에게 현재 시황과 주도주, 유망종목 등에 대한 브리핑자료를 메일이나 문자로 보내달라고 해도 된다.

초보 주식 투자자가 흔히 저지르는 실수, 미수

매수주문을 낼 때는 매수증거금이 있어야 한다. 쉽게 말해 돈이 있어야 주식을 살 수 있다는 뜻이다. 매수증거금은 종목과 증권사마다 약간씩 다르다. 우량한 종목일수록 매수증거금은 30% 정도로 낮게 잡아준다. 매수금을 100%로 잡는 부실한 기업을 빼고는 대부분의 종목은 매수증거금이 40%다. 이 말은 100만 원어치의 주식을 사려면 최소한 40만 원이 있어야 하며 나머지 60만 원은 증권사에서 빌려준다는 의미다. 따라서 나머지 60%를 외상으로 살 수 있는데 이를 미수매매라 한다.

그러나 이 돈은 증권사에서 빌린 것이므로 갚아야 한다. 기간을 길게 주지 않고 결제일로부터 영업일 기준 3일째 되는 날까지 그만큼의 돈을 주식매매계좌에 입금하거나 주식매도를 해서 갚아야 한다. 그러지 않으면 그다음 날(4일째 되는 날) 동시호가에 미수금액만큼의 주식이 반대매매로 나간다. 이것을 모르고 주식이 갑자기 사라졌다면서 해킹을 당한 게 아니냐고 따져봐야 소용없다.

특히 온라인 거래를 낼 때 매도를 매수로 주문을 내거나, 수량이나 금액을 잘못 입력하는 실수를 하지 않도록 하자. 주로 초보자들이 하는 실수인데, 나 역시도 매도주문을 낸다는 것이 매수주문을 내서 손실을 입었던 경험이 있다. 간혹 전문 투자자들도 이런 실수를 하는데, 펀드매니저의 실수로 잠깐 동안 해당 주가를 급등락 시키거나, 선물시장을 교란시키는 경우가 있다.

누구나 첫발을 디딜 때 소액으로 시작한다. 처음에 어떤 투자습관을 들이는지가 중요한데, 처음엔 가진 돈이 적다고 싼 주식 위주로 종목을 선택하는 경향이 있다. 가격이 낮다고 좋지 않은 주식이라 단정 짓긴 어렵다. 하지만 주가가 낮은 것은 그만큼 주가 할인 요소가 있다는 뜻이다. 필요하다면 비싼 주식도 거침없이 살 수 있어야 하는데, 처음부터 값싼 주식 위주로만 매매를 내 버릇하면 고가주식은 잘 사지 못하게 된다. 모의투자를 통해 고가주도 사보고 중저가주도 사보면서 투자의 감을 익혀나가야 한다.

또한 주가가 출렁이기 때문에 주식을 사고팔 때는 여러 번 나누어 사고 나누어 파는 것이 좋다. 폭락이나 폭등이 나타나는 경우엔 신속함이 생명이지만 그렇지 않다면 분할 매매가 원칙이다. 분할하는 방법은 며칠에 걸쳐서 분할하는 방법과 하루 중에서도 시간대로 분할하는 방법이 있다.

주식으로도 저축이 가능하다. 성장성이 높고 우량한 고가주를 저축하듯 투자하는 기법이다. 장기투자 할 종목을 하나 선정해두고 몇 년간 적금을 드는 셈치고 매월 조금씩 사들이는 것이다. 이런 방식으로 주식을 사면 앞서 언급했던 적립식펀드의 코스트에버리징 효과를 기대할 수 있다.

수도결제는 3영업일에 된다

주식 투자에서는 매수·매도 체결일과 수도결제일이 다르다. 주문이 체결된 날이 매수·매도 체결일이고 실제로 주문자의 계좌에서 주식과 돈이 들어오거나 빠져나가는 날이 수도결제일이다. 주식 거래는 결제기준이 아닌 체결기준으로 가능하다. 투자 시 현금을 인출하지 않은 상태에서 같은 종목뿐만 아니라 여러 종목을 하루에도 수차례 매매할 수는 있지만, 매도대금을 당일에 인출할 수는 없다.

국내 주식의 수도결제일은 영업일 기준 3일째(T+2) 되는 날이다. 월요일에 주문을 내어 체결되면 수요일, 금요일에 사면 화요일에 결제된다. 영업일 기준이므로 공휴일과 일요일은 포함되지 않는다. 따라서 현금이 필요한 투자자는 최소한 영업일 기준으로 이틀 전에 주식을 팔아야만 출금이 가능하다는 점을 유의하자.

해외 주식에선 수도결제에 더 많은 시간이 소요된다. 투자대상 국가별로 다른데, 대개 영업일 기준으로 4~7일(T+3~T+6) 정도 걸리니 투자 전에 반드시 확인해보자.

PART 7

알아두면 쓸모 있는
부동산지식

내 집 없는
부자는 없다

내 집을 사야(buy) 마음 편하게 살(live) 수 있다

부자가 되는 특별하면서도 단순한 원칙이 있다. 지식이든 재화이든 일단 '내 것'으로 만드는 것이다. 소유하지 않으면 영원히 '내 것'이란 없다.

'월가의 전설'로 불리는 피터 린치(Peter Lynch)라는 펀드매니저가 있다. 그가 운용했던 마젤란펀드는 1977년부터 1990년까지 2,700%란 경이적인 누적수익률을 올렸다. 13년 만에 1억 원이 27억 원이 되었으니 "주식부터 투자하라. 그게 부자 되는 법이다."라고 했을 것만 같다. 하지만 피터 린치는 내 집 마련 후에 주식 투자를 하라고 말했다. 의식주가 안정되어 있어야만 여윳돈을 이용한 안정적인 투자가 가능해진다는 뜻이다.

정부나 지자체에서 공공임대주택을 많이 지으면 내 집이 없어도 되지 않느냐고 생각해볼 수 있다. 일견 맞는 주장으로 여겨질 수 있겠지만 문제는 재원이다. 공공기관이 임대주택을 공급할 때마다 부채가 증가한다. 한국토지주택공사(LH)의 경우 국민임대주택은 한 채당 1억 2,500만 원, 행복주택은 8,800만 원의 부채가 발생한다 (2018년 기준). LH는 지금도 118조 원의 부채가 있어서 부채를 줄여야 하는 곳이다. 국민연금을 사용하자는 주장도 있으나, 그렇게 되면 국민연금 기금의 고갈시기가 더 앞당겨질 것이다.

집은 거주기능만이 아닌 자산의 성격도 가지고 있다. 그렇기 때문에 가격 불만이 늘 따라다닌다. 집은 투자대상이 되어서는 안 된다고 하지만 현실에선 불가능한 주장이다. 경기변화, 신도시 개발, 대기업 사옥이나 생산공장 건설, 관광지로의 부상, 고속도로 개통, 신공항 건설 등 끊임없이 부동산가격과 수요변화를 일으키는 요인들이 많다. 사회주의 국가인 중국조차도 집값이 오르내리는 것을 막지 못하고 있다.

집을 사지 말라는 주장이 주택임대자인 다주택자나 주택임대사업자에겐 어떻게 들릴까? 그들이 가진 집으로 임대소득을 평생 얻을 수 있다는 이야기로 들릴 것이다. 집으로 돈 버는 시대는 지나갔으니 집을 사지 말라는 주장은 생각할수록 공허한 말이다. 이처럼 이상과 현실은 반드시 일치하는 것이 아니다. 현실에서 집이란 사는 (live) 곳이지만 사는(buy) 것이기도 하다.

미래 주택가격, 함부로 예단하다 큰코다친다

집값이 지금은 오르지만, 장기적으로는 하락할 것이라 믿는 사람들이 많다. 과연 맞는 말일까? 하락 주장의 근거는 이렇다. 대출규제를 포함한 고강도 압박정책, 가계부채 증가, 베이비붐 세대의 은퇴, 저출생으로 인한 총인구 감소 예상, 전국 평균 104.2%(2018년 기준)나 되는 주택보급률, 저성장의 고착화 등이다.

나는 주택가격은 앞으로의 경제흐름에 달려 있다고 본다. 경제가 성장해가면 오를 것이고 경제에 문제가 생긴다면 하락할 것이라 여긴다. 경제성장률이란 한 나라의 물질적 부(돈)가 증가했는지를 수치로 나타낸 것이다. 2019년 우리나라의 경제성장률이 2%인데, 이는 우리나라의 부가 전년도보다 2% 늘어나 그만큼 돈의 양이 많아졌다는 것이다. 돈(유동성)이 불어나면 자산시장이 영향을 받는다.

앞서 언급한 내용들의 반론을 좀 더 살펴보자. 선진국들의 주택보급률은 통상 115~120% 선으로 우리보다 높고, 1천 명당 가구 수도 우리보다 많다. 국내 1천 명당 가구 수는 403.2호인데 OECD 평균은 503.1호나 된다. 참고로 일본은 476.3호이고, 서울은 380.7호, 경기도는 366.2호다(2018년 기준).

인구구조 안에 숨어 있는 잠재된 수요도 따져봐야 한다. 인구의 18.3%(950만 명) 정도 되는 1979~1992년생은 1차 베이비붐 세대(1955~1963년생, 약 730만 명)의 자녀들이다. 2010년부터 매년 70만 명가량이 30대로 진입하고 있으며 이들의 상단부는 40대에 들어서기 시작했다. 이 세대는 부모에게서 독립하며 선택하는 거주공간으로 대도시와 관리가 쉬운 아파트를 선호한다. 한국감정원에서 발표한 '2019년 연령대별 서울아파트 매매현황'을 살펴보면 30대(2만 691호), 40대(2만 562호), 50대(1만 3,911호), 60대(7,815호) 순으로 30대의 거래비중이 가장 높았던 것도 이와 무관하지 않다. 그리고 인구의 11.5%가량인 2차 베이비붐 세대(1968~1974년생, 약 600만 명)의 자녀들도 대기하고 있다.

전국의 주택 수는 2,082만 채(2018년 기준) 정도인데 2025년이면 30년 이상 된 노후주택이 685만 3천 채일 것으로 예상된다. 국토교통부는 현재 30년 이상 된 건물이 전체의 37.8%(2019년 기준)로, 주거용 건물만 떼어보면 수도권 34.9%, 지방 51.5%에 해당하는 주택들이 노후된 상태라고 발표했다. 이들 곳곳에서 재건축과 재개발이 순차적으로 진행된다면 그간 나타났던 패턴으로 비추어볼 때 주변지역 주택시장의 임대료와 매매가격을 끌어올릴 것이라 예측된다.

또한 가구 수가 증가하면 주택수요도 따라서 증가하기 마련이다. 통계청은 현재 가구 수는 1,998만 가구지만 2040년까지 2,265만 가구로 267만 가구가량이 더 증가할 것으로 보인다.

폭락론이 휩쓸고 가면 빈부격차만 심화된다

몇 년마다 한 번씩 주택시장 폭락론이 불거졌다가 사라지는데 안타

깝게도 늘 결과는 같았다. 회오리가 한바탕 휩쓸고 지나간 후에 보면 무주택자들이 오히려 피해를 입었다. 주택가격이 일시적으로 하락하는 모습을 보이다 오히려 이전보다 더 오른 곳이 많았고, 그 결과 전세에서 월세로, 도심에서 외곽으로 밀려나곤 했다. "과도한 비관론은 아무것도 할 수 없게 만들어 결국에는 자기 시련만 남는다." 라는 말을 실감하게 된다.

주택가격 폭락론이 팽배하면 사람들이 겁을 내며 집을 사지 않으므로 공급이 줄어든다. 주택가격의 하락 시기는 경기침체기와 맞물리므로 금리가 낮아져 유동성이 증가한다. 그런 상황 속에서 세대분화가 계속 일어나고 집이 부족해지면서 값이 오르는 현상이 나타났다.

국가는 집값이 상승하길 바랄까, 하락하길 바랄까? 모든 국가는 주택가격의 급등과 급락을 바라지 않는다. 급등하면 집 없는 국민들의 불만이 고조되고, 급락하면 경기가 꺾여 금융권의 주택담보대출 부실화로 은행에 문제가 생길 수도 있다. 은행에 문제가 생기면 은행의 자금중개 기능이 흔들리면서 그 나라 경제에 악영향을 미친다. 미국발 글로벌 금융위기가 미국 주택시장의 문제로 인한 후유증이 었음을 생각해보면 이해가 쉬울 것이다. 또한 주택은 매우 안정적인 세원이다. 그래서 모든 국가는 집값이 경제성장률과 비슷한 정도로 오르는 수준을 이상적으로 보고 정책을 펼친다.

경험상 예고된 위기나 호재는 피해 가거나 가볍게 지나가는 경우가 많았다. 앞으로 우리나라 경제가 급격히 무너지지 않고 계속 성장해나갈 것이라 믿는다면 섣불리 내 집 마련 노력을 멈추지 말자.

내 집은 어디에
마련해야 유리할까?

앞으로 10년, 도심은 계속해서 각광받는다

투자 관점에서 좋은 입지란 수요가 많아 세도 잘 나가고, 빠르게 팔 수 있으며, 가격이 오르는 힘이 강하면서, 하락할 때는 덜 하락하는 지역을 뜻한다. 그런 조건을 갖춘 입지에 있는 대상은 도심의 지하철 역세권, 중심업무지구 인근 주거지 등에 위치한 중소형주택이다.

이런 조건을 갖춘 지역의 상당수는 지난 몇 년간 가격이 많이 올라서 부담이 더 커졌으며, 중장기적으로도 차별화 및 양극화가 좀 더 심해질 가능성이 높다. 도심이 계속 각광을 받을 것으로 예상하는 데는 여러 이유가 있다.

첫째, 주요 산업단지를 제외하고는 도심에 직장이 많이 몰려 있다. 요즘은 육아문제를 고려해 맞벌이 아내의 직장 근처로 주거지를 정하는 가정이 늘어나는 추세다. 도심의 대단지 아파트는 인근에 유치원·학교·학원·상업시설 등이 모여 있어서 자녀를 키우기에도 좋은 조건을 갖추고 있다.

둘째, 평균 수명이 증가했다. 은퇴를 해도 일부만 전원으로 떠날 뿐 대부분은 도심에 그대로 남는다. 오랫동안 친숙해진 지역을 벗어나 낯선 곳으로 이주해 새로 적응하는 것을 모험이라고 여기는 경우가 많다. 일본과 미국 등 선진국에서도 고령자들의 도심회귀현상이 발견되기도 한다. 평균 수명의 증가로 돈을 벌어야 하는 기간이 늘어났고 돈 버는 기간을 늘리기엔 일자리가 풍부한 도시가 훨씬 유리하다. 일을 하지 않더라도 대중교통을 이용하기 좋고, 상업시설과 대형병원에 쉽고 빠르게 갈 수 있는 등 노인들에게도 편리하다.

셋째, 도심은 시대변화를 빠르게 수용하는 지역이다. 정보통신기술(ICT)의 융합을 바탕으로 하는 4차 산업혁명의 영향으로 도시의 공간구조 등이 변화할 것으로 기대된다. 국내의 한 건설사는 올해부터 분양하는 아파트 단지 놀이터에 멸종위기 동물 등의 증강현실(AR) 캐릭터가 나타나는 시스템을 적용하겠다고 발표했다. 이같이 시대변화의 흐름에 올라타려면 대규모 투자가 선행되어야 하는데, 기업 입장에선 비용과 효율의 관점에서 투자가치가 높은 지역부터 투자를 진행하려 할 것이다. 그런 의미에서 인구밀집도가 높고 서비스 요금을 기꺼이 감당해줄 수 있는 도심이 유리할 수밖에 없다.

최근 '슬세권(슬리퍼 세권)'이란 용어가 신조어로 생겨났다. 경제·

교육·문화 활동 등의 전반적인 생활이 집이나 집 근처로 옮겨오기 시작했기 때문에, 걸어서 10분 거리 이내에 편의시설 인프라가 잘 갖추어져 있는 곳을 선호하기 시작했다. 이러한 이유들로 결국은 도심이 계속해서 각광받을 것이라 예측된다.

고밀도 복합개발과 주요 역세권의 결합

도시는 사람들의 요구에 맞춰 계속 변화해나가는 대상이다. 이왕이면 앞으로 점점 더 좋아질 가능성이 있는 투자가치를 지닌 지역에다 내 집을 마련하자. 미래에 우리가 직접 보고 누리게 될 변화의 방향성은 콤팩트시티(compact city)와 스마트시티(smart city)다.

　도시에는 대형마트가 입주해 있는 주상복합건물들이 있다. 그 건물 아파트에 사는 사람들은 엘리베이터를 타고 내려와 우유 한 팩, 샌드위치 하나 등 식료품을 사들고 올라가기도 한다. 대형마트를 자신의 냉장고나 창고처럼 사용하는 모습이다. 이렇게 집 바로 옆이나 같은 건물 내에 직장도 있고, 학교도 있고, 극장이나 상가 같은 상업시설, 의료시설, 공공기관도 있다면 매우 편할 것이다. 이처럼 도시의 주요 기능이 고밀도 개발을 통해 한곳에 집약된 도시공간구조를 지칭하는 개념이 콤팩트시티다. 프랑스의 라 데팡스, 스페인의 바르셀로나, 미국의 포틀랜드와 몽고메리 카운티, 네덜란드의 로테르담, 일본의 롯폰기힐스 등이 성공사례로 꼽힌다.

한편 4차 산업혁명과 첨단 정보통신기술을 이용해 초고속 인터넷, 자율주행차, 스마트팩토리 등의 기술이 구현되는 도시를 스마트시티라고 한다. 미래는 이미 우리 앞에 바짝 다가와 있다. 집에 들어서면 알아서 불이 켜지고, 난방이나 냉방이 자동으로 작동되는 사물인터넷 기술은 이미 가능해졌다. 차가 목적지까지 알아서 운전해주는 자율주행차도 운행 가능한 세상이다. 스마트시티는 아직은 초기단계여서 성공사례는 없지만, 구글이 캐나다 토론토에 스마트시티를 구축하고 있는 등 다양한 시도가 전 세계 곳곳에서 이어지고 있다. 우리나라에서도 국토교통부가 올해부터 세종시, 부산광역시 등을 국가시범도시로 삼고 스마트시티 사업을 본격화할 계획을 세우고 있다.

정리하면 도시는 컴팩트시티와 스마트시티가 결합하는 형태로 진화될 것이다. 국내의 어느 지역들이 이러한 첨단도시로 진화할지 예상해본다면 투자가치가 높은 지역을 골라내는 데 도움이 될 것이다. 다른 나라의 선례를 살펴보면 도시재생이 필요한 지역의 역세권을 중심으로 대규모로 개발된 사례가 많다.

여기서의 핵심은 '부동산값'이다. 건축비는 지역 차가 없지만 땅값은 그렇지 않다. 재개발·재건축에서 이미 나타나듯, 사람이 많이 몰려서 땅값이 높은 지역일수록 상대적으로 건축비 비중이 낮아지므로 개발 후 분양이 용이해진다. 잠실 롯데월드타워, 판교의 알파돔시티처럼 복합고밀 개발이 나타난 지역의 특성을 생각해보자. 주변에 일자리가 많아 상주인구는 물론 유동인구가 밀집되어 있고 부동산값이 비싼 곳이라는 공통점을 발견할 수 있다.

투자가치가 있는 내 집을 마련하고 싶다면 직장이 몰려 있는 도심 지역을 중심으로 주거·상업시설·교통(환승역세권)이 잘 마련된 곳을 급매 위주로 공략하는 전략을 짜보자. 도심이 비싸서 부담이 된다면 약간 외곽으로 나가도 되지만 되도록 역세권을 선택하자. 보통 역에서 도보로 5~10분 거리를 역세권이라고 하는데 무조건 역세권이라고 다 같은 것은 아니다. 직장인들의 출근 시간을 고려해 해당 지역에서 대중교통을 이용한 중심업무지역의 연계 시간도 따져봐야 한다. 서울이나 수도권은 도심까지의 도달 시간이 1시간 이내인 곳이 선호되며, 지방에서는 이보다 짧은 시간이면 좋다. 교외에 위치한 전원주택 등은 특화지역이 아닌 이상 수요가 많지 않으므로 피하자.

부동산 재벌인 트럼프 미국 대통령은 "부동산 투자는 본인이 잘 아는 지역부터 시작하라."라고 했다. 당연한 말인데, 주변 인프라를 잘 알 수 있는 곳부터 관심을 가지고 수시로 발품을 팔아 지역개발 정보, 미래 방향성에 부합할 것인지의 여부 및 가격변동 등을 확인하고 잘 판단해서 투자를 해야 한다.

중소형 선호현상은 더 이어진다

1인 가구 증가세로 중소형(전용면적 60~85m² 이하)아파트의 인기가 꾸준하다. 1평은 3.3m²이므로 전용면적 60~85m²를 평수로 환산하면 18.18~25.7평이다. 아파트라면 대략 25~32평에 해당하는 면적이다. 25평 아파트의 경우 베란다를 확장하면 대략 26m²⁽8평⁾ 정도의 실사용 면적이 증가하므로, 주택가격이 높은 곳에서 인기가 높다. 요즘엔 20평형대도 방 3개에 화장실 2개인 아파트가 많다. 주로 자녀가 1명 정도 있는 부부들이 선호하는 유형으로 수요자가 많아서 매도 또한 쉽다.

그리고 1차 베이비붐 세대가 50대 후반에서 60대에 들어섰다. 우리나라 가계는 은퇴 직전까지는 부채를 늘리다 대략 은퇴를 하면 축소하기 시작해 자녀가 출가하는 65~70세 전후로 대형 주택을 처분해 금융부채를 갚고 소형 주택으로 갈아타는 경우가 많다.

💲 건폐율 및 용적률이란?

건폐율은 토지에서 땅이 차지하는 면적이다. 통상 주거지역은 50~60% 선이고, 중심상업지구는 90%까지 건폐율이 적용된다. 건폐율이 90%라면 전체 토지면적 중에서 10%를 제외한 90%에 건물을 올릴 수 있다는 의미다.

용적률은 층고와 관계가 있다. 만일 건폐율 50%에 용적률이 100%라고 한다면 토지 중에서 절반에만 건물을 지을 수 있고, 토지면적만큼 건물을 올릴 수 있다는 뜻이다. 필로티 형태의 주차장이 없다는 전제를 달면 2층까지 올릴 수 있다. 다만 지역별로 층고의 제한이 있는 곳들도 있다.

- **건폐율:** 대지면적에 대한 건축물의 비율
- **용적률:** 대지면적에 대한 건축물의 연면적 비율

부동산 투자의 첫걸음, 등기사항전부증명서

등기사항전부증명서를 꼼꼼히 확인하자

서울에 사는 K는 용인 소재 학교에 보건교사로 발령을 받았다. 주중에는 출퇴근 시간을 줄이기 위해 학교 근처에 얻은 9천만 원짜리 전셋집에 거주했다. 그런데 1년 후 살던 곳이 경매로 넘어가게 되었고, 순위가 앞서는 담보가 너무 많아 전세 보증금을 돌려받지 못하는 상황에 처하게 되자 충격을 받고 울먹였다.

"계약할 때 등기사항전부증명서를 확인하지 않았어요?"

"중개사무소에서 보여주기는 했는데, 제가 보는 법이 익숙하지 않아서…."

이런 피해는 등기사항전부증명서(등기부등본)만 제대로 확인할 줄

알면 막을 수 있다. 등기사항전부증명서를 통해 살펴볼 수 있는 내용이 많다. 부동산 소유자와 매도인 또는 임대인이 일치하는지, 계약을 체결하려는 물건과 목적물이 일치하는지, 압류나 근저당권 등이 설정되어 있는지 등을 볼 수 있다.

등기사항전부증명서는 부동산 거래 시 중개업소에서 떼어주는데, 주소만 정확하게 알면 누구나 인터넷에서 확인할 수 있다. 대법원 인터넷등기소(iros.go.kr)에서 해당 부동산 주소를 입력하면 소액결제 후 열람 및 발급이 가능하다.

부동산의 이력서, 등기사항전부증명서 보기

부동산 등기사항전부증명서는 크게 표제부·갑구·을구로 구성되어 있다. 각각 표시하고 있는 구체적인 내용은 다음과 같다.

- **표제부:** 부동산의 지번, 지목, 면적, 구조, 지붕, 층수, 용도, 지분 등
- **갑구(소유권에 대한 내용):** 압류, 가압류, 가처분, 가등기, 예고등기 등
- **을구(소유권 이외에 대한 내용):** 근저당권, 전세권, 지상권, 임차권 등

아파트를 기준으로 등기사항전부증명서를 보는 법을 간략하게 알아보자.

1. 표제부

부동산의 소재지와 그 내용을 표시한다. 건물의 표시, 대지권의 목적인 토지의 표시, 전유 부분의 건물의 표시로 나뉜다. 토지의 경우에는 지번·지목·지적이, 건물인 경우에는 지번·구조·용도·면적 등이 기재된다. 건물의 크기는 m²로 표기되어 있는데 이를 3.3으로 나누면 흔히 말하는 '평수'가 된다.

1) **접수:** 처음 등기를 신청한 날짜
2) **소재 지번, 건물 명칭 및 번호:** 건물의 주소 명시
3) **건물 내역:** 철근콘크리트구조, 콘크리트지붕 등과 같은 건축물의 구조 및 층수와 각 층의 면적을 나타낸다. '피시조립조'라고 적혀 있으면 조립식 아파트를 나타낸다. 각 층의 면적과 지층 혹은 지하실의 면적이 표시되어 있다.

대지권의 목적인 토지의 표시는 땅에 대한 등기부의 표시란이다. 원래는 토지와 건물의 등기부는 별개다. 그러나 아파트나 다세대 주택 같은 공동주택은 건물과 토지가 한 등기부에 표시되어 있다.

1) **소재 지번:** 땅이 있는 주소
2) **지목:** 땅의 쓰임새(보통 대지('대'로 표시)로 되어 있으나 아파트 단지가 여러 필지에 걸쳐 있는 경우 대지 외에 임야도 일부 있을 수 있다.)
3) **면적:** 공동주택의 전체 면적을 명시한다. 전유 부분의 건물의 표시

에는 전용면적을 적는다.

일반적으로 건물이나 토지 등기부는 표제부 한 장으로 되어 있지만 아파트와 같은 공동 주택의 표제부는 두 장으로 구성되어 있다. 앞의 표제부에는 아파트 전체의 내용이 나오고, 뒤의 표제부에는 등기부에 소유권을 나타내고자 한 건물의 일부에 대한 내용이 나온다.

2. 갑구

소유권과 관련된 사항을 표시하는 부분이다. 부동산의 소유권이 어떤 과정을 거쳐 누구에게 있는지를 확인할 수 있다.

1) **등기 목적:** 등기 원인을 명시하며 보통은 소유권이전이다. 갑구에 기재되는 제목에는 소유권보존, 소유권이전, 가압류, 가등기, 가처분, 경매개시결정, 가처분등기, 가등기 등에 관한 사항도 기재된다. 여기에 가압류·가처분·가등기 등이 있으면 소유권 분쟁이 생길 수 있으므로 계약하지 않는 것이 좋다.

2) **접수:** 등기가 접수된 날짜

3) **등기 원인:** 등기 이유를 설명한다. 보통 매매가 대부분이다.

4) **권리자 및 기타사항:** 부동산 소유자의 이름과 주소를 적어놓았다.

등기부에서 실선(‒)으로 표시된 것은 말소되었다는 표시로, 크게 신경 쓰지 않아도 된다.

3. 을구

을구는 소유권을 제외한 저당권·지상권·전세권·지역권 등의 권리가 적혀 있다.

1) **순위 번호:** 순위 번호는 '권리주장의 우선순위'를 나타낸다.

2) **등기 목적:** 보통 근저당권 설정이 많다.

3) **접수:** 등기소에 신청한 날짜

4) **등기 원인:** 근저당권을 설정하게 된 원인이다.

5) **권리자 및 기타사항**

- **채권최고액:** 근저당은 부동산담보로 돈을 빌렸다는 뜻이다. 근저당권 등기로 권리주장이 가능한 최고 액수가 채권최고액이다. 은행은 보통 대출금의 120~130%로 설정한다. 6천만 원의 근저당권이라면 실제는 약 5천만 원 정도다.
- **채무자:** 돈을 빌린 사람
- **근저당권자:** 돈을 빌려준 사람으로, 보통은 은행이다. 근저당권이 말소되면 근저당 말소 표시가 된다.

등기사항전부증명서, 이것만은 꼭 기억하자

등기사항전부증명서를 볼 때 주의해야 할 점은 다음과 같다. 여기서 제시하는 내용들을 기억해두고 꼼꼼하게 살펴보자.

우선 표제부를 세밀하게 살핀다. 간혹 옥탑방을 직접 확인했는데 표제부에는 없고, 방의 개수도 표제부 기재사항과 다른 경우가 있다. 이는 불법건축물이란 뜻이므로 관할구청의 행정처분으로 철거를 당할 수도 있다. 매매라면 피하는 것이 상책이지만 피치 못하게 임대계약을 해야 한다면 집주인, 공인중개사와 책임 소재에 대해 사전 합의 후 '철거 시 이사비용을 변상하며…' 식으로 계약서에 해당 사항을 특약으로 모두 구체적으로 명시해야 한다.

갑구에서는 소유권·가압류·압류·경매개시결정·가처분등기·가등기를 확인한다. 을구에서는 저당권·근저당권 등 담보 내역을 확인해봐야 경매로 넘어갈 가능성이 있는지 없는지 파악해볼 수 있다.

또한 등기사항전부증명서는 반드시 신뢰감 있는 중개업소를 통하거나 본인이 떼어서 확인하자. 위조의 가능성이 있으니 직접 확인하는 것이 가장 좋다. 미리 발급받아둔 것은 그 사이 변경될 수도 있으므로 계약 직전에 등기사항전부증명서를 새로 떼어 확인하자.

마지막으로 소유자와 집주인이 일치하는지도 꼭 확인해야 한다.

똑소리 나게
부동산 계약하는 법

계약서 작성 전에 반드시 살펴볼 것들

부동산에 대해 잘 모르는 사람은 부동산 계약서 작성을 매우 어려워한다. 그러나 몇 가지 반드시 살펴봐야 할 것들만 제대로 확인한다면 계약서를 처음 쓰는 사람도 똑소리 나게 작성할 수 있다.

첫째, 부동산계약 체결 시에는 매도하려는 당사자가 등기사항전부증명서의 매도인(또는 임대인)과 일치하는지 신분증을 확인해야 한다. 매도하려는 사람이 만약 대리인이라면 위임장과 인감증명서로 대리권을 확인한다. 간혹 대리인이 계약 내용을 속여 보증금을 가로채는 등의 사기가 발생하므로 실소유자와 통화를 해서 한 번 더 확인해야 한다. 소유주가 미성년자인 경우 법정대리인의 동의서를 확인하는 것도 필수다.

둘째, 등기사항전부증명서에 있는 갑구의 권리사항을 꼼꼼히 살펴 봐야 한다. 가등기·가처분·지상권·각종 담보물건·가압류·경매·예 고등기 등 소유권에 영향을 미칠 부분이 있는지 확인한다. 이를 등한 시하다간 매수자가 피해를 입을 수도 있다.

셋째, 을구에 기재된 근저당 등 소유권 이외 권리등기를 확인한 다. 임대차계약일 때는 경매로 보증금을 날리는 것을 막기 위해 '근 저당금액＋자신의 보증금'을 합쳐봐야 한다. 근저당금액과 임차 보 증금의 합이 아파트는 집값의 80%, 다가구 주택은 60% 이내인 정 도가 바람직하다. 만약 이보다 높은 수치라면 전세보다는 월세가 안 전할 수도 있다.

똑소리 나게 부동산 계약 체결하기

등기사항전부증명서를 살펴본 후 이상이 없으면 계약서를 작성한 다. 계약 내용에 이견이나 이상이 없으면 기명날인 후 계약금을 계 좌에 입금하고 영수증을 받으면 마무리된다.

계약서는 매도·매수·입회인(중개인)이 각각 1부씩 보관한다. 계 약금은 일반적으로 전체 거래금액의 10%, 중도금은 50%, 나머지는 잔금이다. 임대차계약일 경우 보증금의 10%가 계약금이고 나머지 는 잔금으로 처리한다. 중개업소를 통하는 것이 좋지만 개인끼리의 거래라면 반드시 매매계약서(임대차계약서) 표준양식을 인터넷에서 내려받아 사용하자.

만일 계약 시 거래금액이 지나치게 낮거나, 계약금을 무리하게 요구한다거나, 일주일 내에 잔금을 치르면 대금을 깎아준다는 등 미심쩍어 보이는 것이 있다면 사기 가능성을 의심해봐야 한다. 그럴 경우 한층 신중하게 점검한 후 계약을 진행한다.

계약서 작성 시 일반적인 주의사항은 다음과 같다. 다음 내용을 꼼꼼하게 살펴 낭패를 당하는 일이 없게 하자.

중도금과 잔금 지급 시 등기사항전부증명서를 재확인한다

돈을 지급할 때마다 등기사항전부증명서를 새로 떼서 권리 관계의 변동사항 유무를 확인한다. 중도금이나 잔금을 받은 직후에 집을 담보로 대출을 받아 잠적하거나 이중매매를 하는 등의 사기가 종종 발생한다. 특약내용에 '계약 이후 저당권 등이 설정되면 계약은 무효이고, 위약금으로 얼마를 배상한다.'라는 식으로 구체적으로 적어 둬야 이러한 사기에도 대비할 수 있다.

특약사항을 꼼꼼히 적는다

특약사항 작성 시 '협의해' '필요에 따라' 같은 애매한 말은 피한다. 무슨 내용인지 분명하게 쉽고 정확한 표현으로 적어서 추후 분쟁 소지를 없애야 한다.

거래 대금은 띄어쓰기를 하지 않는다

대금란에 1억 원의 비용을 적는다고 해보자. '금 일억 원'이라고 간격을 두어 적지 말고 '금일억원(₩100,000,000)'처럼 한글과 숫자를 병행하되 띄어쓰기 없이 적는다. 빈 자리에 숫자를 써넣어 위조할 수도 있으므로 여백이 없도록 주의해야 한다.

계약서의 서명날인은 반드시 본인이 해야 한다

대리인을 통한 계약이라면 대리권(본인의 위임장과 인감증명서 등)을 확인해야 한다. 부부라도 위임장이 없으면 법적인 대리권이 인정되지 않는다.

서류를 위조한 사기를 방지하기 위해 위임장이 있어도 실소유자와 통화를 하면서 녹취해두는 것이 좋으며, 돈은 대리인이 아닌 등기부상 소유자 명의의 계좌로 입금한다. 해당 물건의 소유주가 미성년자라면 부모라고 해도 섣불리 믿지 말고 법정대리인의 동의서를 확인하고 받아두자.

지급한 돈에 대한 영수증을 꼭 받아야 한다

돈을 지급했는데 이를 증명할 증빙자료가 없다면 거래한 사실을 인정받지 못할 수도 있다. 따라서 돈을 지급하면 수령을 했다는 영수증을 반드시 챙겨야 한다. 은행계좌로 입금했다면 입금확인증으로도 대체가 가능하다.

계약서의 내용 중 일부 문구를 정정할 때는 주의한다

정정 시엔 빨간색으로 두 줄을 그어 말소하고, 쌍방이 도장을 찍어 정정날인을 했음을 명확히 한다. 계약서가 2매 이상인 경우 각 장의 접속부분에 당사자 쌍방의 도장을 찍어 연결된 계약서임을 증명해둔다.

복잡한 물건의 계약이라면 공증을 받는다

근저당액수가 많거나, 지금은 권리 관계가 복잡하지만 잔금과 동시에 다 해결하겠다는 계약이 자주 있다. 이런 경우 혹시 모를 문제 발생 시 확실한 증거가 되도록 공증을 받아두는 것이 좋다. 그리고 재산세납세영수증 혹은 재산세를 냈다는 은행거래 기록도 요구하자. 재산세납세자와 소유자가 일치하는지를 확인해볼 수 있는 방법이기도 하다.

매매 시 잔금 지급과 동시에 소유권이전 서류를 맞교환한다

잔금 지급과 동시에 매도인으로부터 등기권리증·인감증명서 등 권리이전 서류를 모두 받아 최대한 빨리 관할등기소에 이전등기를 한다. 60일 내에만 하면 되지만 공적장부 위조 등으로 이중매매가 되었을 때 우선순위는 계약시점이 아닌 소유권이전등기일이다. 먼저 등기를 마친 사람에게 우선권이 있으니 가능한 한 빨리 이전등기를 하자. 참고로 임대계약일 때도 잔금 지급을 하고 바로 동사무소에서 확정일자를 받아야 한다.

구분	준비사항
매도인	• 신분증, 등기권리증 • 부동산매도용 인감증명서 1통, 인감도장 • 주민등록등본 1통(등기사항전부증명서와 주소가 다른 경우 종전 주소가 기재된 주민등록초본 1통) • 각종 세금 및 공과금 영수증 등
매수인	• 도장, 계약금
중개인	• 등기사항전부증명서, 토지대장, 건물대장 • 공시지가확인원, 토지이용계획확인원 • 중개 대상물건확인설명서, 검인계약서 등

계약이 해제되는 경우를 숙지하자

계약은 체결 즉시 유효하다. 다만 계약서에 '이러한 경우에는 계약을 해제할 수 있다.'라는 해제조건이 있다면 해제가 가능하다. 그 외에는 상대방의 채무불이행(이행지체·이행불능·불완전이행)에 따라 해제할 수 있다. 계약이 해제되는 경우는 크게 다음의 세 가지 경우다.

계약금만 치르고 중도금을 치르지 않은 상태

계약금만 치르고 중도금을 치르지 않은 상황에서 매도인이 계약 해제를 하면 계약금액의 배액을 상대방에게 줘야 하며, 매수인이 해제할 경우 상대방에게 지불한 계약금을 포기해야 한다. 이 경우 상대방이 계약 해제 사실을 알도록 매매계약 해제를 통보해줘야 한다.

중도금을 치르고 매수인이 잔금 지급을 지체할 경우

중도금을 치른 이후에는 계약 해제가 어렵다. 정해진 날짜에 잔금을 지급하지 않았다고 바로 매매계약을 해제할 수는 없다. 상당한 기간(보통 7일)을 정해 잔금 지급을 독촉해야 하며, 독촉 후에도 잔금을 지불하지 않으면 그때 계약 해제를 할 수 있다.

가격 급등 등으로 매도인이 잔금을 받지 않으려 할 경우

중도금을 치른 상태에서 매수인에게 귀책사유가 없는 한 매도인이 잔금 수령을 거절하고 매매계약을 해제할 권리는 없다. 매도인이 잔금을 받지 않으려고 일부러 피한다면, 매수인은 잔금 지급 기일에 잔금을 법원에 공탁하고 소유권이전등기 절차 이행청구의 소를 제기해야 한다. 확정판결을 받으면 매도인의 협조 없이도 등기이전이 가능하다.

> **-$- 부동산 중개사고 발생 시 중개사무소가 물어주는 비용은?**
>
> 보통 부동산 거래를 하면 해당 중개업소가 1억 원의 공제에 가입했다는 증서를 복사해서 첨부해준다. 1억 원까지 보상받을 수 있다는 의미이지만 공제회에서 중개사고가 나는 각 사건마다 1억 원을 지급한다는 뜻은 아니다. 1년에 그 부동산중개사무소에서 일어난 모든 중개사고에 대해 총 1억 원을 지급한다는 뜻이고, 그것을 지급받기 위한 절차도 매우 복잡하다. 따라서 사전에 거래 관련 사고가 나지 않도록 주의하는 것이 상책이다.

모델하우스에
속지 않는 10가지 방법

건설사의 심리전을 속지 말고 간파하자

오피스텔과 소형아파트 모델하우스에 2030세대의 발길이 잦아졌다. 요즘엔 미혼자들도 '결혼은 선택, 내 집은 필수'라면서 열심히 청약저축을 한다.

그러나 모델하우스를 어떤 요령으로 살펴보아야 하는지에 대해서는 서툴다. 고도로 계산된 건설사의 심리전을 모르고 모델하우스를 보러 가면 화려한 인테리어 같은 겉모습만 보고 나오기 쉽다. 일반적으로 '사전정보 수집 → 단지 배치도 → 주변 현황도 → 평면도 → 유닛 내부 확인 → 실제 공사현장 답사' 순서로 따져보는 것이 좋다.

1. 방문 전에 사전정보 수집은 필수다

분양에 대한 세부 내용이나 일정을 미리 수집한다. 해당 아파트가 들어설 주변 아파트가격과 기존 건물과의 차이점 등을 파악해야 한다. 가격이나 입지 관련 경쟁력이 있으면 그때 방문해서 살펴보자.

2. 모형도로 전체 모습과 특성부터 파악한다

모델하우스에 들어가 갈팡질팡하지 말고 우선 로비 중앙의 아파트 모형도부터 살펴본다. 단지 배치, 아파트 외형과 방위, 주변 학교, 교통 상황 등의 실제 모습을 일정한 비율로 축소해놓았기 때문에 많은 것을 파악할 수 있다. 전체적인 단지 모습과 동(棟) 배치, 동별 간격, 경사도, 출입구 위치, 층수, 아파트의 향(向)과 조망, 주차시설, 놀이터, 녹지공간, 커뮤니티 시설 등이 어떻게 들어서는지 미리 볼 수 있다.

3. 브로슈어를 통해 전용률을 살펴본다

같은 평면이라도 A타입, B타입 등에 따라 서비스 면적에 차이가 있다. 꼼꼼히 살펴보고 어떤 차이가 있는지 확인한다.

4. 유닛에 들어가기 전에 꼭 평면도부터 확인한다

유닛에 들어가기 전에 유닛 입구에 있는 평면도부터 살펴보자. 사전 파악이 안 된 상태에서 보면 도우미가 이끄는 대로 돌아다니기만 할 뿐 전체 구조를 제대로 파악할 수 없다. 이동식 벽체를 터 방 2개를 널찍한 방으로 꾸미기도 하므로 평면도를 잘 확인하자. 유닛에 들어서면 공간 배치 이외에도 수납공간이 있는지, 창문 위치가 통풍에 유리한 구조인지, 발코니의 확장면적은 어떤지, 방 면적은 적합한지, 내부 동선이 효율적인지 등을 확인한다.

5. 인테리어를 100% 믿지 마라

모델하우스는 내부를 화려하게 치장해 청약자를 유혹한다. 그러나 고급스러운 가구와 인테리어 소품 등은 대부분 디스플레이용이다. 청약자에게 제공하는 기본 품목과 옵션이 무엇인지, 바닥이나 창의 재질이 무엇인지 등 실제로 제공되는 것을 확인하는 것이 중요하다.

6. 마감재에 현혹되지 마라

지금 유행하는 마감재라도 입주 시점인 2~3년 후에는 유행이 지날 수도 있다는 것을 생각하고 살펴본다. 간혹 건설사에서 계약서의 '비슷한 수준의 마감재로 교체될 수 있다.'라는 조항을 악용해 모델하우스에 사용한 마감재를 사용하지 않을 수도 있다. 따라서 마감재는 꼼꼼하게 살펴보되 이에 현혹되지는 말자.

7. 확장 표시를 살펴본다

모델하우스 내 발코니 확장이 합법화되어 있기 때문에 실내가 넓어 보이도록 거실과 방, 주방을 모두 확장한 상태로 보여준다. 보통 확장하기 전의 위치를 바닥에 점선을 그어 표시해준다. 발코니 확장부분이 분양가에 포함된 것인지, 그렇지 않다면 확장을 선택할 때 추가 비용이 얼마인지도 체크해야 한다.

8. 주눅 들지 말고, 착시효과를 조심하라

실제보다 공간이 더 크고 탁 트인 것처럼 느껴지도록 하기 위해 유닛의 천장은 위가 뚫려 있다. 거기에 굽 높은 신발을 신은 키 큰 도우미를 배치하고 방문객은 신발을 벗고 납작한 슬리퍼를 신도록 유도한다. 도우미와 방문자와의 키 차이를 최대한 크게 벌려놓으면 방문자가 심리적으로 위축되어 내부 공간을 실제보다 고급스럽고 좋다고 느끼기 때문이다.

침대와 책상 같은 가구도 착시효과를 유발하기 위해 크기를 줄여 만든 자체 제작품이다. 실제 면적을 제대로 알기 위해서는 줄자를 미리 가져가 방과 거실, 부엌 크기를 실측해두는 것이 좋다. 브로슈어에 표시된 면적은 벽체 간의 중심 치수를 사용해 계산한 것이므로 실제 내부 면적과 다를 수 있다.

9. 현장 답사가 더 중요하다

부동산에서 가장 중요한 것은 입지다. 견본주택이 아닌 실제 사업 현장에 가서 지하철역이나 버스 정류장과의 실제 거리를 확인하고, 학교나 편의시설 같은 기반시설, 주변 혐오시설과 철탑, 구릉지와 경사도, 옹벽 설치 유무 등 인프라도 살핀다. 도심부가 아닐수록 교통여건이 좋아야 하므로 주변 버스노선까지 모두 확인한다.

그리고 조금 귀찮더라도 밤에도 찾아가 근처를 살펴보는 것이 좋다. 주변에 유흥업소들이 얼마나 있는지 살펴보기 위해서다. 밤에 가면 네온사인 같은 불빛들을 좀 더 잘 확인할 수 있다.

10. 분쟁에 대비해 계약 내용을 꼼꼼히 챙겨라

청약 당첨으로 계약하는 경우에는 가능하다면 계약 시 내용을 녹취해두고, 추후 분쟁의 소지를 대비해 회사의 홍보물과 가계약서 등을 모두 챙겨두자. 최근에는 광고지나 홍보물의 내용과 다르게 시공되었을 경우에 그 책임을 회사에 물리는 추세다.

-$- 아파트 분양 시 공급면적이란?

공급면적은 주거전용면적과 주거공용면적을 합한 것이다. 그렇지만 실제 계약하는 면적에는 관리사무소, 주민공동시설, 주차장, 기계실, 놀이터, 화단 등 기타 공용면적까지 포함된다. 단, 발코니, 베란다, 다락방 등은 서비스면적이다. 대부분 바닥면적을 기준으로 계산한다.

아파트 전용면적과 공용면적의 차이는?

전용면적은 거실, 주방, 화장실 등을 포함한 넓이로 전용생활공간을 의미한다. 공용면적은 계단, 엘리베이터 등 다른 세대와 공동으로 사용하는 공간이다. 전용률은 건물바닥의 면적 중 각 세대의 사용자가 전용으로 사용하는 부분을 의미한다. 따라서 전용률이 높다는 것은 실사용면적이 그만큼 넓다는 의미다.

요즘 애들을 위한 슬기로운 재테크 생활

초판 1쇄 발행 2020년 6월 5일
초판 5쇄 발행 2021년 1월 5일

지은이 | 조혜경
펴낸곳 | 원앤원북스
펴낸이 | 오운영
경영총괄 | 박종명
편집 | 이한나 최윤정 김효주 이광민 강혜지
디자인 | 윤지예
마케팅 | 송만석 문준영
등록번호 | 제2018-000146호(2018년 1월 23일)
주소 | 04091 서울시 마포구 토정로 222 한국출판콘텐츠센터 319호(신수동)
전화 | (02)719-7735   팩스 | (02)719-7736
이메일 | onobooks2018@naver.com   블로그 | blog.naver.com/onobooks2018
값 | 15,000원
ISBN 979-11-7043-086-5 03320

이 도서의 국립중앙도서관 출판예정도서목록(CIP)은 서지정보유통지원시스템 홈페이지(http://
seoji.nl.go.kr)와 국가자료종합목록 구축시스템(http://kolis-net.nl.go.kr)에서 이용하실 수 있습
니다.(CIP제어번호 : CIP2020015857)